曼弗雷德谈领导力心理学

领导者、傻瓜和骗子

[荷] 曼弗雷德·凯茨·德·弗里斯 著

（Manfred F. R. Kets de Vries）

解晓丽 译

LEADERS,
FOOLS AND IMPOSTORS:
ESSAYS ON THE PSYCHOLOGY
OF LEADERSHIP

人民东方出版传媒
People's Oriental Publishing & Media
东方出版社
The Oriental Press

图字：01-2018-8000 号

LEADERS, FOOLS AND IMPOSTORS: ESSAYS ON THE PSYCHOLOGY OF LEADERSHIP
By MANFRED F.R. KETS DE VRIES
Copyright：© Manfred Kets de Vries 1993，2003

This edition arranged with KLEINWORKS AGENCY
Through BIG APPLE AGENCY, INC., LABUAN, MALAYSIA.
Simplified Chinese edition copyright：
2018 People's Oriental Publishing & Media Co., Ltd（Oriental Press）
All rights reserved.

中文简体字版专有权属东方出版社

图书在版编目（CIP）数据

领导者、傻瓜和骗子：曼弗雷德谈领导力心理学／（荷）曼弗雷德·凯茨·德·弗里斯 著；解晓丽 译.—北京：东方出版社，2019.6
（曼弗雷德管理文库）
书名原文：Leaders, Fools and Impostors：Essays on the Psychology of Leadership
ISBN 978-7-5207-0773-2

Ⅰ.①领…　Ⅱ.①曼…　②解…　Ⅲ.①领导心理学　Ⅳ.①C933

中国版本图书馆 CIP 数据核字（2019）第 043390 号

领导者、傻瓜和骗子：曼弗雷德谈领导力心理学
（LINGDAOZHE SHAGUA HE PIANZI：MANFULEIDE TAN LINGDAOLI XINLIXUE）

作　　者：[荷]曼弗雷德·凯茨·德·弗里斯
译　　者：解晓丽
责任编辑：刘晋苏
出　　版：东方出版社
发　　行：人民东方出版传媒有限公司
地　　址：北京市朝阳区西坝河北里 51 号
邮　　编：100028
印　　刷：北京联兴盛业印刷股份有限公司
版　　次：2019 年 6 月第 1 版
印　　次：2019 年 6 月第 1 次印刷
印　　数：1—5000 册
开　　本：880 毫米×1230 毫米　1/32
印　　张：8.75
字　　数：200 千字
书　　号：ISBN 978-7-5207-0773-2
定　　价：68.00 元
发行电话：(010) 85924663　85924644　85924641

免责声明

本书首次出版于 1993 年，属于巴斯出版社的"社会和行为科学"系列书籍。

修订版出版于 2003 年。

第 2 章引言：来自齐诺瓦·阿切比的《荒原蚁丘》。

版权© 1987 属于齐诺瓦·阿切比。经矮脚鸡–道布尔戴–戴尔出版集团有限公司的分支机构道布尔戴出版社许可使用。此外，还获得了英格兰萨利市森德郡的戴维·博尔特联合公司以及纽约的哈罗德·欧博联合公司的许可。

第 2 章引言：重印自克里斯多夫·拉什的著作《自恋文化：期望值降低的时代美国人是怎样生活的》，经 W. W. 诺顿出版有限公司许可。版权© 1979 属于克里斯多夫·拉什。

第 3 章引言：重印自克利福德·斯科特的著作《谁害怕威尔弗雷德·拜昂》。1985 年 10 月 12 日首次在洛杉矶心

2

第 7 章引言：重印自亨利·罗索夫斯基的《大学：所有者手册》，经 W．W．诺顿出版有限公司许可。版权© 1990 所有者亨利·罗索夫斯基。

第 7 章：经麦克米伦出版公司分支机构自由出版社许可翻印自布鲁诺·贝特尔海姆的著作《见多识广的心》。版权© 1988，1991，1992 所有者汤姆·鲍尔。经美国企鹅图书有限公司分支机构维京企鹅图书公司许可。

第 7 章：节选自 1992 年 2 月 15 日《伦敦时报》卡罗尔·李奥纳多的文章《以生存为目标的街头霸王》。版权属于 1992 时报有限公司。经许可使用。

献　给

杰克

拉里

默里

莎茵

苏第

以及和我分享生活中其他方面的朋友们。

目 录
CONTENTS

引　言

我们的领导者，我们自己：

了解我们创造的领导者 …………………… **001**

第 1 章

"镜子型"领导 ………………………………… **007**

第 2 章

残缺的自我：自恋和权力的运用 ………… **027**

第 3 章

放权：情感的最终清算 …………………… **049**

推荐序　老板桌后

文/肖知兴

  2007 年的现象级电影《穿普拉达的女魔头》中，著名女演员梅里尔·斯特里普塑造了一个典型的精神病态的（psychopathic）女老板：自信自恋，气场强大；沉着冷静，无所畏惧，享受冲突；为达目的不惜一切手段，善于操纵和利用别人，对于自己的非道德行为没有任何歉疚心理。这个女老板的表现，几乎完全符合牛津大学心理学家凯文·达顿在《异类的天赋》一书中对这种类型的人格障碍（personality disorder）的描述。与一般的精神病态相比，这个女老板因为身在时尚行业，还要加上强迫症和控制狂的一些典型症状。一个职场小白，如何在这样变态的一个女魔头的淫威之下讨生存，人们不由得对安妮·海瑟薇扮演的小实习生捏一把冷汗。

《穿普拉达的女魔头》的最后，小实习生毅然决然地放弃了女老板认为"一人之下，万人之上"的职位。在公司门口，女老板与小实习生有一次意味深长的对望。那一瞬间，女老板在想什么？也许她在想"总有一天，你会像我一样"？8年之后，扮演小实习生的安妮·海瑟薇自己也成了大明星，主演了一部《实习生》，果真变成了一个类似的女老板，成天颐指气使，吹毛求疵，看见别人眼中的刺，看不见自己眼中的梁。还好，在罗伯特·德尼罗扮演的"老实习生"的帮助下，这一次，女老板找回了自己，实现了内心的平和与家庭的平衡。

西方文化整体而言崇尚个性、尊重差异，加上大家平均的职业化程度较高，一般人都懂得"don't take it personally"（不是针对你个人，不要太在意）的道理，所以对职场上的精神病态的行为接受度较高。很多明星级的老板如乔布斯、马斯克，身上都有这种施虐型人格的影子。与之相比，中国文化高度重视人际关系的和谐，强调与人为善的传统，对于这种类型的行为模式的接受度总体应该更低。例如，英文形容人是一个"nice guy"，其实是很弱的表扬（如果不是批评的话）；中国人说"谁谁谁是一个好人"，往往是蕴含了强大道德性和情感性内容的一种很高的褒扬，二者完全不在同一个量级上。

　　领导力发展行业的基础是组织行为学的研究，其有效性的前提是，这个人的心理相对比较健康，有基本的自我观照、自我觉察和自我反思能力。所以，这个行业的专业工作者在工作中碰到精神病态等各种人格障碍，是一件很无奈的事情。例如，前不久，一个小有名气的老板来参加我们的一个企业家学习活动。他的公司刚上市，体量可能比当时在场的大多数人的企业大一些。他注意到这个情况后，说话的声音就开始越来越大。在一个同学表达了要成为千亿级企业的梦想之后，他开始抑制不住地嘟囔："什么千亿级企业？你们见过千亿级企业吗？千亿级企业老板都是与什么人交朋友你们知道吗？"云云。大家见过找存在感的人，没见过以这种方式找存在感的人，整个会场，瞬间"石化"。

　　这种老板，在"dog eat dog"（指强势竞争文化）的西方职场中，也许不算什么大问题；但在注重涵养和城府的中国社会，我可以断定，几乎预示了他将来不妙的结局。当然，语言上的冒犯，与行动上的冒犯相比，算不了什么。

最近，中国某著名电商公司创始人的"强奸案"和某著名制药企业创始人的"杀妻案"的各种细节透露出来，大家可以看看这种精神病态发展到行为冒犯层面的时候，能有多么可怕。而社会大众和公共舆论，对这种行为模式的惩罚力度，又将有多大。创业者本来就是比较异类的人，再加上他们肩负各种巨大的压力，他们发生心理健康和人格障碍问题的概率比普通人更大，忽视这个问题，对员工、对企业、对社会都是一个巨大的风险。

关于企业家的心理健康和人格障碍，我的母校 INSEAD（欧洲工商管理学院）的曼弗雷德·凯茨·德·弗里斯教授是西方学术界绕不过的一座灯塔。从二十个世纪七十年代开始，他花了近半个世纪研究这些问题，横跨学术界与实践界，发表了三百多篇论文并出版了四十多本书，组织了无数高层培训和咨询项目，影响了欧美国家千千万万的企业和企业家。他的所有著作的清单，打印出来，最少几十页。西方一线学者有多敬业、多专注、多勤奋，凯茨·德·弗里斯是一个非常好的正面典型。

凯茨·德·弗里斯几乎单枪匹马，把 INSEAD 变成世界领导力研究与发展的中心之一。不为人知的是他这些年经历的一些艰难的挑战。行为心理学成为西方学术界主流之后，弗洛伊德的心理分析学成为一个少数派，甚至被一些人认为是"巫术"。凯茨·德·弗里斯却一直强调他的心理分析学背景，和基于心理分析学的心理动力学（psychodynamics）及心理治疗学（psychotherapy）范式，可以想见，主流心理学学术圈是怎么看他的。自从 80 年代他与著名组织学者 Dan Miller 在主流学术期刊发表《神经质组织》后，主流心理学界、组织学界基本就找不到他的名字了。

还要一个原因是，凯茨·德·弗里斯的写作风格基本沿袭的是欧洲管理学界的传统，偏人文，偏跨学科，行文常常是旁征博引，如入无人之境，与美国 A 级学术期刊的偏定量、偏专业术语，讲究"无一字无来历"的行文风格，形成鲜明的对比。所以，他的文章，一般都发表在偏欧洲风格的学术期刊（如 *Organizational Dynamics*，*Human Relation*）上；他的书的出版者，一般也不是那些有严格的同行评审程序的学术出版社（如西方主要大学的出版社）。

我在 INSEAD 读博士时，凯茨·德·弗里斯不在组织行为学（Organizational Behavior，OB）系，而是在创业与家族企业系；不是核心的、行使各种学术权力的 tenue-track professor（终身轨教授），而是相对边缘的 clinic professor（临床教授或实践教授），可以想见他在学校地位的尴尬。过来人告诉我，有一段时间，他甚至差点面临被学校解聘的情况，幸好当时在 INSEAD 的另外一位管理大师明茨伯格及时出手，危机才算化解。

当时，我们这些少不更事的博士生，每天浸淫在典型的美式研究的各种套路当中，对于凯茨·德·弗里斯的遭遇，还不免有些轻薄之心，就像财务、运营等定量学科，嘲笑偏定性的 OB 代表的是 "Organizational Bullshit" 一样。定量研究嘲笑定性研究，正式模型嘲笑数理统计，大家人云亦云地一起跟着鄙视链走，哪里知道这种鄙视和反鄙视背后的辛酸与无奈。多少年轻的学术梦想，在这种狭隘的对峙中灰飞烟灭。

当然，与德鲁克长期得不到学术界的接受，甚至直到今天仍为一些人所轻薄相比，凯茨·德·弗里斯这点尴尬，就算不了什么了。西方管理学界的这种理论界与实践界、理论知识与实践知识相互脱节的奇怪情况，也是管理有多复杂，管理学有多复杂的一个很好的注脚。权力、派系、资源……

象牙塔内的斗争，甚至比象牙塔外面还要更为激烈、更为不择手段、更为"精神病态"。所以，如果没有一定的使命感与责任感的支持，大家还是离这个学科远一点为妙。

学术界倾向于认为，信息技术的发展、传播的便利、各种娱乐方式的大繁荣、全球化导致的竞争加剧，也许都在某种程度上加大了人们平均的精神变态的程度，或者说，至少是加大了人们对各种精神变态的接受程度。例如，第一代硅谷创业者如 Dave Packard、Bill Hewlett（惠普公司创始人）、Andy Grove（英特尔公司前 CEO）看起来都是温和儒雅的谦谦君子，到了乔布斯、马斯克时代，却仿佛印证了 Andy Grove 的那句话：唯有偏执狂才能生存，唯有偏执狂才能成功。对事的偏执狂，大家容易接受；对人的偏执狂，就离人格障碍和精神病态不远了。

难道这个世界必然要被《穿普拉达的女魔头》那样的疯子、变态和怪人所主导？我倾向于没那么悲观。心理学的维度之外，还有一个神学的维度。我写下这篇文章的时候，巴黎圣母院刚刚燃起熊熊大火。与很多人认为这标志着法国和欧洲信仰的失落相反，我反而认为这也许是他们的宗教文化之复兴的一个转折点。这种宗教文化，强调英国作家 C. S. Louis 所定义的 agape（上帝之爱、无缘无故的爱）的力量，对于维护人们的心理和精神健康，遏制精神病态尤其是企业界的精神病态扩散的趋势，将起到一般中国人难以想象的巨大作用。

反倒是我们中国有些人，好像除了对金钱，包括金钱代表的地位和金钱所能购买的东西以外，对其他东西，都鲜见坚定的信仰，未来将如何应对这个问题，更让人担心。大火之后，巴黎圣母院的主体结构还在，我们的"巴黎圣母院"呢，早就不知道经历过多少次大火了。我在《以热爱战胜恐惧》中总结的正念、良知与天命三个概念，算是在文化的废墟里努力拣起一些相对完整的碎片吧。这样一片瓦砾遍地、尘土飞扬的土地上，技术演进的巨轮还在越转越快，娱乐至死的文化还在愈演愈烈，没有底线的资本用更大的力量让用户上瘾，看那一张一张麻木的脸，因为过度使用电子产品而逐渐失去血色。这些东西，将把我们带向何方？

我没有答案。

（作者为领教工坊联合创始人）。

前　言

　　根据多年的经验，我知道领导者及其追随者形色各异。我发现，遇到的领导者越多，就越难描述典型的领导风格是什么样子的。对于领导者及其追随者的关系来说，情况也是如此。对领导力的研究激增，这使得"什么样的领导风格更好"这个问题更难以回答。最合适的答案可能是：要视情况而定。因为很明显，在不同的情况下，采用不同的领导风格是有必要的。

　　不仅领导者发现自己所处的每个具体情况是独一无二的（在这里我想到的是公司及企业的具体细节，还有下属的期望具体如何），而且特定的民族文化特性也会产生很大差异。把领导者的特征限制到一个包含几个常见方面的清单之中（这在领导力的研究中很常见）是对读者智商的侮辱。但是，没有明确的清单并不意味着领导行为没有共性。毕竟，领导者也是人。尽管有些领导者可能会比其他人出色，但是人类本性中的某些共性自然也适用于他们。诀窍在于，要知道怎样利用这些共性来加深我们对领导者的理解。

范围和治疗

在破译各种人类行为模式的过程中，西格蒙德·弗洛伊德的前瞻性著作给了我很大帮助。弗洛伊德第一个让我们意识到，在应对周围环境时，我们是受到约束的。他指出，我们感知到的对周围世界的控制不过是我们的幻觉。他强调了理性在认知和情感方面的一些限制，证明我们对于周围环境中正在发生的事情从未完全了解——某些事情是在我们的意识之外发生的。弗洛伊德最重要的贡献之一就是他对日常生活中无意识动机的描述。他的著作可帮助我们理解人类行为中因果关系的本质。他的著作还论证了过去的行为和现在的行为之间的连续性、入睡状态和清醒状态之间的连续性，以及健康和病态之间的连续性。事实证明，弗洛伊德的深刻洞见对于理解人们行为的原因非常重要。在本书中，我尝试将弗洛伊德的这些观点应用于我的个人研究兴趣领域，即领导者的内心舞台。

背 景

《领导者、傻瓜和骗子》一书来自我多年的思考和反思。把本书中那些文章收集到一起的最初灵感来自我和高管多年共事过程中遇到的一些非同寻常的事情。最初在我看来，他们的很多故事就像是谜中之谜。但是我的困惑并非全无益处。首先，它让我很好奇，我想深入研究这件事，想搞清呈现在我面前的那些东西。其次，这让我意识到我有多无知，以及理解某些情况有多难。

我发现我自己不得不学习容忍自己的无知，忍受不确定性，还要防止过早下结论。当然，保持开放的心态是临床态度中不可缺少的一部分，因为即便时间流逝仍存在希望，随着更多资料的出现，我们会向以往的经验学习。我们的期望是病人能以不同方式提供这种材料，反过来这种材料会促进我们深刻理解其具体行为的各种连续性。

和领导者的相遇让我深刻认识到：人类应对紧张局面的方式是无穷的；我们的适应能力的天性是独一无二的；

陷入恶性循环是危险的。本书末的分析提出，心理健康归根结底是选择的能力以及避免陷入重复循环的能力。

两种不同的遭遇使我了解到弗洛伊德的连续性是如何在领导者所处的情形中发挥作用的。首先是我从事治疗的经历。从病人身上学习是一个持续的过程，我发现这个过程弥足珍贵，而且经常让我怀疑到底是谁在教谁。关于这一经历，我很感激我的病人。其次，我在欧洲工商管理学院教授过多年的顶级高层管理人员研修班（"领导力的挑战：开发你的情商"），这也对管理行为提供了深刻见解。在这个研修班里和 20 位高级管理人员待上 3 个星期（时间跨度为 6 个月）是非常棒的经历。这使我了解到每位领导者的故事——每个人如何不得不开拓自己的道路——都是独一无二的。

本书旨在提供对机构中人与人之间互动的观点，与传统上由管理专业的学生提出的单维机械性描述相比，这更为复杂和现实。本书聚焦于组织机构的精神动力学，从临床医学的角度展示了内部流程如何有意或无意地对企业进行塑造，如何影响到很多高层决策和公司政策。本书提出了一点：理性的管理方法（即假设人是可以完全被公司合理的、手段—目的模式操控）是错误的。本书论证了公司的高层管理人员和我们一样，并非总是充满理性，他们也会受到情绪、志向或幻想的驱使，而这些会在日常影响他们对公司的经营。本书展示了领导者及其下属的非理性情绪会如何渗入整个公司的文化及管理结构，以及为什么"正常的"公司会突然间前景黯淡、开始亏损。这种临床导向的管理方法——认可无意识动机的作用、内心深处的现实以及理性的极限——对公司生活进行了复杂但同时又很真实的描述，会引导高层管理者更高效地去解决问题，实现更高效的领导。

《领导者、傻瓜和骗子》对五种主要读者有吸引力。首先，对于想要深入了解如何经营企业的管理人员，本书会帮助他们重视他们的行为对公司中其他人的影响会达到什么程度。其次，本书可以帮助管理专业（或企业管理及公共管理、政治学、行业及机构心理学、组织社会学、职业精神病学或工业社会工作）的学生获取关于公司职能的真实知识。第三，管理咨询人员和教练也会从本书中受益，本书可以帮助他们超越咨询工作中的"症状抑制"，去理解潜在原因，从而更高效地对问题进行诊断、干预和改变。

第四，对学者而言，本书可以提供对机构中的人类动机和行为的深入理解，从而有可能创造更为现实的机构职能模式。最后，对于人力资源专业人士而言，本书可以帮他们设计行之有效的组织机构，以及能够体现理性和非理性因素的结构和体系，帮助他们把这些从想象变为现实。

内容概述

编写这本书的初衷是因为一位病人给我带来了一系列的镜中之梦。在解释这些梦的时候，我发现这些梦象征了他个人发展中具体的重要事件。这些事件成为我理解他正在经历的变化的关键。我们共同的探究激发了我的好奇心，我想更深入地了解镜子和人之间的关系以及镜映在个人发展中一般会发挥什么作用，第 1 章就这样诞生了。

对镜映的研究不可避免地会让我需要深入了解自恋以及自恋行为在领导过程中发挥的作用（第 2 章）。在这样的行为中，发展过程中的重要事件是什么？领导者在何种心理压力下会激发自恋？领导者可能会掉入什么样的自恋式陷阱？在分析这些问题时，我发现自恋的危险之一在于领导者很难摒弃自恋。他们很快就会知道，权力会让人上瘾，而且这种瘾很难戒掉。第 3 章中我对领导者怎样摆脱自恋或为什么会拒绝自恋进行了探究。我讨论了领导者决定离开领导岗位时出现的心理问题。

本书的前三章主要涉及领导力的一般问题，其余章节讨论的是个人及个人行为对下属的影响的问题。在组织机构中偶尔遇到的某些类型的人的行为激发了我的兴趣。第 4 章的内容是关于对情绪无知的现象。作为一名精神分析医师，这个问题（当然现在随着"情商"概念推广而普及了）多年来一直让我耿耿于怀。这些年我遇到了一些高层管理人员，其中一些人的行为之机械令人震惊。他们应对周围环境的方式以及对紧张局面的反应就像机器人一样，这激发了我的兴趣。这种行为始于何时？是什么引起的？某些类型的机构是否应为此负责？通过对一种临床现象（名为述情障碍，即不能应对和识别情感）的研究，我的调查得到了进一步深入。

第 5 章主要是关于我在从事企业咨询工作时意识到的另外一个领导力问题。我常常发现自己像个傻瓜一样——这个"傻瓜"的意思不是白痴，而是讲真话的傻瓜。在很多情况下，我被要求给机构中的领导者介绍一些令人不快的问题，而这些问题多年未解。迄今为止，这些问题常常得不到重视，管理者因为不想听到不受欢迎的消息而故意遗忘了它们。

观察到此类行为让我清楚地知道必须有力量制衡领导者，这也是企业存活下来所必需的。如果没有此类平衡的话，路易十四的话"我死之后……"就有可能成为现实，企业的寿命就不会长。反常的危险总是存在的。很多领导者在获得职位和权力后会失去边界感，意识不到他们对机构中其他人的影响。

第6章的灵感源于曾经一次很麻烦的遭遇，那次一个人的行为和行动让我摸不着头脑。我发现我和他打交道时不得不先把我的怀疑放到一边。最终，我意识到他有骗子型人格。在此期间，我和他有联系，我几乎被塞壬的呼唤骗了，我意识到自己有一种强烈的愿望想加入他的幻想，想放开自己对现实的把握，想相信他的故事，尽管有证据证明他是一个骗子。这次遭遇让我开始反思他的操纵性行为，反过来开始研究骗子的成因以及是什么让有些人感觉像是骗子。

受虐待型领导风格的人（特别是萨达姆·侯赛因和罗伯特·麦斯韦尔）的新闻的激发，我开始对导致滥用权力的因素产生兴趣。为什么有些人可以处理好领导职位所赋予的权力，而有些人却会走极端？这个问题是第7章的起点。

在本书的结尾，我对高效领导力的要求进行了反思。低效和高效的领导者有哪些区别？可以识别出哪些模式？在解决这些问题时，我不可避免地考虑到了心理健康的因素。一个人在健康和病态的连续性方面有什么区别？是什么让人们自我感觉良好？

致 谢

尽管写作是一个孤独的过程，但书籍不是在孤独中创造的。在某些方面，书籍是很多人合作的产物。我一位旧日的老师罗兰·克里斯·滕森曾说过："如果你看到一只海龟坐在栅栏上，你知道它不是自己坐上去的。"在写这些文章时，很多人给了我动力。正如我前面所提到的，最重要的是我的病人和学生。

本书中的很多章节最初是给《人际关系》《管理研究期刊》《欧洲管理期刊》《组织动态》等期刊写的文章。在详述分析部分的某些内容时，各位编辑和评论家的评论也给了我很大帮助。

我还想感谢来自欧洲工商管理学院研究部门的支持，该部门的主管是兰迪思·加贝尔和阿尼尔·加巴，助理是艾莉森·詹姆斯。他们帮我提供了弥足珍贵的研究资源。

雪莉·安·田星愉快地为我重新将书稿输入电脑并进

行了修正。任何时候要求更改她都不会生气。对此我深表感谢。事实证明，然乌·卡布伦（我撰写本书第一版时的秘书）的帮助也是弥足珍贵的。她用哄骗冥府看门狗般的温柔方式给我提供了写作所需的时间和空间。我真怀念她在身边的日子。

最重要的是，我想感谢我写作时的研究助理萨利·西蒙斯。她不仅帮助了我。写过书的人都知道，在某个时刻，撰写新内容的激动会被重写的乏味所替代。当我放弃对书稿进行润色时，是她勇敢地接过了这个任务。如果没有她的帮助，重写和编辑的过程会非常难。

马赛尔·普鲁斯特在《盖尔芒特家那边》一书中说过："我们所知道的所有最伟大的事情都来自'神经病患者'。正是他们创造了伟大的作品。这个世界从来都没有意识到欠这些人多少，也意识不到他们为了给世人带来这些东西遭受了多少苦难。"我非常认可普鲁斯特的观点。通常很难划分健康、病态和创造力。这些文章中的很多人现在和过去一样深受困扰，但他们也是伟大的教育家。他们的行为方式给我提供了很多深刻的见解。在我成为精神分析学家的过程中，我的一位老师告诉我，我们只能从两种人身上学到东西：一种是孩子，还有一种他浪漫地称之为"疯子"。跟我们这些人相比，这两类人在表达自己的观点时往往更为执着，因此能让我们更了解人性。我希望这本关于领导者问题以及问题领导者的文集的读者能够吸取一些观点并能有效利用。

法国，巴黎

曼弗雷德·凯茨·德·弗里斯

2003 年 5 月

关于作者

在已被广泛研究的领导力和个人与组织动力学领域，曼弗雷德·F. R. 凯茨·德·弗里斯教授引入了全新的观点。凭借在经济学（经济学博士学位，阿姆斯特丹大学）、管理学（国际教师项目参与者、MBA 和 DBA 学位，哈佛大学商学院）以及精神分析学（加拿大精神分析学会、巴黎精神分析学会和国际精神分析学会）等领域的知识和经验，弗里斯教授仔细研究了国际管理、精神分析、心理治疗、动态精神病学和高管教练之间的关系。他感兴趣的具体领域包括领导力、职业动态学、高管心理压力、创业精神、家族企业、企业继承计划、跨文化管理、高绩效团队建设以及企业转型和变革的动态变化。

弗里斯教授是欧洲工商管理学院（INSEAD，在法国、新加坡和阿布扎比开设有分校）领导力发展和组织变革领域杰出的临床教授。他是 INSEAD 全球领导力中心的创始人。该中心是世界上最大的领导力发展中心之一。此外，他还是欧洲工商管理学院高级管理课程"领导力的挑战：培养你的情商"项目的主任，以及管理学硕士项目"带来变革的咨询和辅导"的负责人，并曾五次获得该学院的杰出教师奖。他还是柏林欧洲管理与技术学院（ESMT）领导力发展研究领域的杰出客座教授。他曾在麦吉尔大学、蒙特利尔高等商业学院和哈佛商学院担任教授，并在世界各地的管理机构讲学。

英国《金融时报》《经济学人》，法国《资本》杂志，德国《经济周刊》都将弗里斯教授评为全球顶尖的领导力研究学者。他名列"全球最具影响力的50位管理思想家"，并被认为是在人力资源管理领域最有影响力的人物之一。

弗里斯教授是40多本书的作者、共同作者或编辑者，包括《神经质组织：诊断并改变不良管理风格》《领导、傻瓜和骗子》《管理快车道上的生与死》《领导的奥秘》《幸福等式》《领导者是天生的吗》《俄罗斯新商业精英》《恐惧领导力：阁楼上的夏卡祖鲁》《全球高管领导力清单》《教练与沙发》《沙发上的领导》《沙发上的家族企业》《性、金钱、幸福与死亡》《性格与领导力反思》《领导力与职业生涯反思》《组织的反思》《领导力教练万花筒》《刺猬效应：打造高绩效团队的秘诀》《正念领导力》。还有几本书在准备中。

此外，弗里斯教授已经发表了400多篇学科论文，包括书籍中的章节和独立文章。他还撰写了大约100个案例研究，其中8个案例获得了"ECCH年度最佳案例奖"。他是许多杂志的固定撰稿人。他为《哈佛商业评论》和《IN-SEAD知识》写作博客。他的文章刊登在《纽约时报》、《华尔街日报》、《洛杉矶时报》、《财富》、《商业周刊》、《经济学人》、《金融时报》和《国际先驱论坛报》等刊物上。他的书籍和文章已被翻译成31种语言。

弗里斯教授是《管理学会》编委会的17个成员之一，并当选为管理学学会的会员。他是国际精神分析研究组织（ISPSO）的创始成员，并被授予终身会员资格。由于对领导力研究和发展的杰出贡献，他也是获得国际领导力协会终身成就奖的第一位非美国人；他被认为是世界领导力发展领域与规范的创始学者之一。由于他对咨询领域的贡献，美国心理学基金会授予他哈里和莱文森奖（组织咨询方面）。在荷兰，他因其在管理和精神分析领域的贡献而被授予弗洛伊德奖。他还获得了哈佛领导力辅导学院的卓越远景奖。此外，他还获得了两个荣誉博士学位。

弗里斯教授是美国、加拿大、欧洲、非洲和亚洲顶尖公司在组织设计、转型和战略性人力资源管理领域的顾问。作为领导力发展领域的全球顾问，他的客户来自 ABB、荷兰银行、埃森哲咨询、荷兰全球人寿、法国液化空气公司、加拿大铝业、阿尔卡特、阿布扎比先进技术投资公司、贝恩咨询、奥陆芬音响、邦尼集团、英国石油公司、凯恩酒店集团、德意志银行、爱立信、通用电气资本、高盛、喜力、哈德森、联合抵押银行、天达、毕马威、乐高、利宝保险、汉莎航空、灵北制药、麦肯锡、澳大利亚国家银行、诺基亚、诺华制药、诺和诺德、起源、南非米勒酿酒、壳牌、喜威、史宾沙、南非标准银行、三方对话银行、联合利华和沃尔沃汽车。作为一名教育家和顾问，他曾在 40 多个国家工作过。在担任顾问期间，他还是 Kets de Vries 研究所（KDVI）的创始人。该研究所是一家从事高端领导力发展咨询的公司。

荷兰政府授予他奥兰治-拿骚官佐勋章。他是第一位在蒙古国飞钓的人，还是纽约探险家俱乐部的成员。在工作之余，他的足迹遍布非洲中部的雨林与草原、西伯利亚的针叶林、帕米尔高原和阿尔泰山、阿纳姆地乃至北极圈。

我们的领导者，我们自己：
了解我们创造的领导者

全世界是个舞台，

所有的男男女女不过是一些演员；

他们都有下场的时候，也都有上场的时候。

一个人的一生中扮演着好几个角色。

——莎士比亚《皆大欢喜》第 7 幕第 2 节

深入表面之下的人要自负其责。

——奥斯卡·王尔德《道林·格雷的画像》

所有群居的生物都需要领导者，每群成狼和狼崽都有领头狼。在很多国家会定期举行选举来选出地方和国家的政府成员，但我们仍然发现，跟自由选举的代表相比，非选举产生的、有名无实的国家领导人更能激发人民的感情和忠诚。一旦人们被剥夺了领导者，不管是名义上的还是实质性的，他们都会去寻找领导者，尤其在出现危机或急剧变化时。这一基本需求在一个很大的比例范围内浮动，从欧洲的皇室家族在本国——这些国家之前已经废黜了自己的君主制——媒体上表现出来的伤感而淫荡的兴趣到20世纪30年代阿道夫·希特勒和德国国家社会党得到的自发而狂热的支持。由此产生的结果范围也就相应地很广，有的无害，有的是毁灭性的。

对领导者的需求有一个明显的含意，那就是人们有追随的倾向；实际上，可以说不管在什么社会背景下人类必须二选一：要么领导，要么追随。我不仅是指在政治背景下或大型企业中的大领导；领导者和追随者在日常生活中是一种基本的模型。在家里、操场上、办公室，每种场景中我们都要么是领导者，要么是追随者。

我们总是赋予公众领导英勇（或罪恶）的身份。从传统意义上来说，我们的英雄是哲学家、作家、君主、将军和政治家。但是，今天的英雄常常来自曝光度很高的公司领导者的世界，这些男人和女人的活动通过电视屏幕进入每家每户的客厅，他们的成功和失败（往往很悲壮）出现在每份日报的重要位置。我们只要想想来自商业世界的人们，他们的名字在近些年已经家喻户晓，做到了在自己的公司之外影响力也格外大。

我们的领导者，不管是英雄还是恶棍，都在文学、新闻以及分析中通过自我复制得到了回报。对领导力本身的研究可以追溯到柏拉图共和国时期，几千年以来绵延不绝，占据了历史、心理学、政治以及商业期刊的页面。不幸的是，太多的管理理论学家将对领导力的研究缩减到一系列的法定规则、程序和模式，没能解答这个主题所引发的最重要和有趣的问题：决定一个人能否成为领导者的是什么？我们的领导者的内心在想什么？他们的内心舞台是什么样子的？

行动中的领导力的特点既复杂又微妙，这是由其复杂性和要么成功要么失败的戏剧性故事所决定的。那些故事充斥了书店中的畅销书书架，跟那些枯燥乏味的学者著作相比，对于那些对领导力感兴趣的人来说更有吸引力，虽然畅销书常常浅薄而缺乏构想。这两类书籍——理论研究类和粗制滥造的"速食"书都缺乏实用主义的中间立场，只有拥有这一立场才能对领导力的心理根源以及领导者及其追随者之间关系的重要动力进行探究。本书旨在利用临床范例提供一个中间立场，以证明无意识的过程在组织运行中发挥着重要作用。本书主要基于我在管理学校上课的经历、在私人诊所做精神分析学家的经历以及给若干公司进行咨询的工作经历。本书中非常重要的内容是对领导者对其下属的影响的思考，以及这一重要关系失常时会发生什么事情。为了解释清楚，我从我的临床实践、教学经历以及历史文献中找了很多例子。我知道进行心理史研究是有风险的；在咨询室之外很难在事后对所做的结论的有效性进行评估。心理史案例简介从来不会如实反映个人生活的复杂性。但是，我坚信个案研究有助于澄清某些行为方式。我希望读者可以宽容我，接受历史性案例，并视其为有用的推断。

第 1 章

"镜子型" 领导

镜子，镜子，墙上的镜子
世上谁最美丽？

我来告诉你一个大秘密
镜子是死神的进出之门。
不要告诉任何人。
在镜中观看自己的一生吧
在玻璃蜂巢中会看到死神像蜜蜂一样忙碌。

——让·考克多《奥菲斯》

1905 年，弗洛伊德出版了一本著名的病例书，病人名叫杜拉，是一位 18 岁的女孩，她患有歇斯底里症。在书中，弗洛伊德描述了一个诊疗过程，在这个过程中病人与医生的关系模式和病人的个人经历密切相关。弗洛伊德将这一现象称为"移情"，是病人对过往经历的情绪和心理反应的"新版"或"再版"，而那些过往经历经过了重塑并再现出来。用弗洛伊德的话来说，就是"所有的心理经历都复活了，它们不再属于过去，而是投射于与当前医生的关系模式之中"。（［1905］1953b，p116）。

尽管在诊疗中"移情"会给判断带来一些具体问题，但是我们可以借此深入了解被唤起的那些情景。在日常情形中，人们都会表现出某种移情反应。实际上，我们大部分的情感反应都是"现实反应"和"历史反应"的混合，抑或是对特定情形的移情反应。这些"历史反应"源自我们最初的人际关系（与最初照顾我们的父母之间的关系）以及我们当时形成的心理印记。这些心理印记会陪伴我们一生。

我在别的书中（凯茨·德·弗里斯，1989，p35ff）提到过在组织架构中常见的两种移情模式，称其为"理想化移情"和"镜像移情"。这两种移情互为补充，而且对于理解领导映射于下属身上的"魔咒"至关重要。下属往往会把领导理想化（这来自童年的影响，那时孩子们总是想得到看上去万能且完美的父母的照顾），因此试图赋予领导非常不现实的能力和属性。这样做让他们感觉受到保护，也让他们感觉自己更强大。同时，领导和下属在彼此眼中是相互映射的。在以组织架构为背景分析这些移情之前，我们需要先看一下它们在人类一般行为中的重要性。

自我映射

婴儿看到的第一面镜子是母亲的脸庞。正如儿科医生温尼科特（1971 年去世）所说，"婴儿看到的是自己。换句话说，母亲也在看婴儿，并且母亲的样子与她所看的对象相关"（p111-p112，原文此处有强调）。按照温尼科特的说法，婴儿在母亲脸上看到的映像以及对这种映像变化的敏感度，会在很大程度上决定其孩童时期情感发展的质量。这一过程始于婴儿期，贯穿我们一生，可以解释为什么我们会不断在他人身上看到自身的恐惧、欲望、成功和失败。

婴儿和母亲脸庞之间交流的质量以及孩童在成长期间情感成熟的程度，在很大程度上影响了一个孩子接触现实的能力。起初，母亲的脸庞反映出一个完美的孩子；随着孩子年龄的增长，这面镜子会调整它的映像——孩子看到的不再是无可挑剔、深受宠爱的形象，而是一个视自身为独立个体的理性认知。这种调整是根本性的。"映像"在这里是双向的，它标志着对自我和身份的最初意识的形成，也是形成人际关系能力的基础。

母子之间关系（其中观察者和被观察者的角色会互换）的质量非常重要。发展心理学家马勒（1967：《马勒、佩恩和伯格曼，1975》）强调了在这一关系中阶段性镜映的重要性：一个人人格当中正反两面、受欢迎和不受欢迎两面之间的相互作用有助于明确一个人自我意识的界限——对母亲和孩子都是如此。当然，在这一过程中存在大范围的扭曲镜映：孩子看到的和母亲想让孩子看到的，两者存在差异。这一差异可能会以命令（"照我说的去做，不要模仿我"）的形式出现，是为了不认可母亲的某些方面；与这样的扭曲伴随的会是孩子挥之不去想要纠正这一影响的欲望，这可能会导致一种自我的迷失感。用一位病人的话来说就是："我真的不知道我是谁。我需要别人尤其是我的妻子来告诉我。当我照镜子时，我想看看我是谁。这不是说我看上去像谁，而是谁是真正的我。"

在早期的情感关联以及格式化经历中，现实或扭曲的程度不仅是童年时期无足轻重的小事。到了成年时期镜子仍不会松开对人的掌控。正如申戈尔德所指出的："镜子的魔法，不管是好或是坏，都来自它与自恋阶段的联结，在这一阶段身份和心灵通过与母亲的接触而形成。镜子魔法的力量是父母和自恋的无限力量的延续。"（1974，p114，原文中对此句有强调）我们都保留着对自己的完美和父母的完美的印象，而这一印象是不可磨灭的。科胡特（1971）将其分别称为"宏大的自我"和"理想化的父母影像"，而且我们都一直想重新拥有那种完整感和认可感。我们往往会抓住任何机会，以拥有那种感觉带来的喜悦之情。

镜映的过程及其与个体发展中的自恋的联系，是最基本的人类主题。这一主题存在于广为流传的神话、童话故事（那些直指人类心理的骗人的幼稚故事）以及其他形式的虚构文学作品中，映像和扭曲的主题经常出现在其中。说到这里，我们马上会想到白雪公主故事中的魔镜。魔镜一直忠实地向邪恶的王后保证她是"最漂亮的",但有一天突然告诉王后她的继女白雪公主已经超过了她,因此受到愤怒的王后的攻击。在奥斯卡·王尔德的小说《道林·格雷的画像》中,一位英俊的年轻人的画像慢慢呈现出这位年轻人堕落的内心所有的外在标志,变成了一个罪恶和堕落的形象。但是含有这一主题的最著名的故事就是水仙花的神话,纳西瑟斯宁肯把幻觉当作现实也要自杀,因为他太爱自己在水面上的倒影了。预言者特伊西亚斯曾预言纳西瑟斯的寿命会很长,前提是他永远不了解自己。这个传说对我们最深的直觉很有吸引力,这使得纳西瑟斯成为我们的希望和失望的最有力的象征,体现了对于不可企及的事物的绝望式向往——再次体验和源于我们生命早期的环境完全融为一体的那种海洋般的感觉。纳西瑟斯的渴望是镜映这一过程的压缩。

英文中的"镜子"(mirror)一词来自拉丁文(mirare),意思是"看"、"怀疑"和"羡慕"。mirare 一词也是 mirage(幻想)和 miracle(奇迹)的词源学词根。这种联系恰如其分,因为"镜子"既可以反映真实也可以反映扭曲。实际上,要想去感知幻想和现实,没有比镜子更合适的工具了。传说、民谣、神话以及迷信中镜中影像既可能是好的也可能是坏的。人类学家（罗海姆，1919；弗雷泽，1947）曾描述过大量关于镜子的迷信，尤其是镜子和死亡常常联系在一起。

另外一种经常遇到的看法是：一个人在镜子中看到的是自己的灵魂。因此，在一些文化中照镜子被认为会危及灵魂也就不足为奇了。正如心理分析学家艾尔凯斯奇所写："人的镜中影像首先肯定在他自己看来是真实可触的。但是因为实际上影像是不真实的，也就是说不是由具体材料构成的，因此很明显我们会感觉到自己面对的是自己的灵魂。这个被具体化的灵魂可能会离开我们，那就意味着死亡。"（1957，p240）

镜子这种比喻意味着对自我的多重形象的意识，个体自我意识和公共自我意识之间的重大分割线。在这个屏幕上，我们寻找我们想看到的，努力避免看到我们害怕看到的：自恋性全能和现实的交汇点。自我意识——一个人开始感知到自己是一个完整的物理实体和情感意识实体——常常源自在镜中对自我的感知和意识这一重要经历。孩子们常常和镜子中自己的影像玩耍，一遍遍重复着"消失—

重现"的游戏,这对于建立自我的界限是一种神奇的方式。因此,从最广义来说,镜映就是尝试建立、保持和恢复自我的界限。在治疗的场景中可以找到对这一观点的支撑。在治疗的场景中,病人渴望被治疗师理解和认可,这往往会激发镜中之梦,而治疗师反过来会尝试帮病人达成对自我的新的理解(拉康,1949,1977;艾斯尼茨,1961;费杰尔逊,1975;迈尔斯,1976;卡尔森,1949,1977)。卡尔森将这些梦中的镜子比作"对'母亲眼中的微光'的绝望追寻,……镜子是反射性的,这象征了一种综合能力,这种能力对于完成这一过程以及在压力特别大的时候使用洞察力是必不可少的"(p67)。

一位求助于治疗师的中年高管的病例可以作为例证。这个人近来和妻子长期分离,他严重质疑个人生活的价值和目的,以及工作的价值和目的。此外,他总是做噩梦。他梦到自己走在一条灯光昏暗、越来越狭窄的走廊上。墙壁包围了他,他感到恐慌,虽然他想往回走,但是有什么东西迫使他前进。终于,他不得不在地上爬行,一堵无法逾越的墙挡住了他的路,这面墙上覆盖着一面镜子。他看向镜子,看到了自己的脸——可怕地扭曲着,然后开始瓦解并消失。他尖叫着醒来。

在这个人的治疗过程中,他对自己的问题有了深刻理解,对自己的生活做了一些重要决定。与此同时,他的噩梦消失了。一年后,他又做了一个有镜子的梦,但是这次完全不同。他梦到他坐在治疗师的椅子上,治疗师在他身后,他们两人都看向一面镜子。他对着镜中治疗师微笑的脸庞微笑,镜中的场景变换,他和妈妈坐在一条小溪边。他生动地向治疗师描述这个梦的平静感。在这个梦中,镜子的形象陪伴这个人获得了更为完整的自我感,之前的梦中的恐惧感和后面这个梦中的平静感和陪伴都生动地代表了镜子的形象。我们可以推断,二者之间的差异说明在这个人的过去实现了从自恋到现实的成功调整,这一过程留给了他一个积极而灵活的内心意象。

相反,另外一个人的噩梦连连却表明在镜映的最初过程,也就是他小时候这一过程让他失望了。已故的美国前总统林登·约翰逊曾告诉他的传记作者桃瑞丝·凯恩斯,某个阶段他曾受到一个梦的困扰,在这个阶段他看上去已深陷严重身份危机的痛苦之中。约翰逊曾拒绝上大学而逃到加利福尼亚州,一开始他是一个法律书记员,为他母亲的堂哥工作，这个人酗酒而且情绪极不稳定；后来他干了了两年筑路工。凯恩斯写道：

在他动荡不安的时期（15岁），约翰逊经常重复做一个梦，梦到自己独自坐在一个狭小的笼子里。这个笼子无遮无掩……只有一个石头长凳和一堆黑色的厚重书本。当他弯腰捡起书时，一个手里拿着一面镜子的老妇人从笼子前面走过。他瞥到自己在镜子中的影子，吓人的是这个15岁的男孩子变成了一个扭曲的老人，头发长而纠结，褐色的皮肤上布满斑点。

他请求老妇人让他出去，但是她扭头走了。他记得梦做到这里他就醒了，他的手和额头汗水涔涔。他在床上坐起来，坚信自己在梦中曾用不小的声音喊道："我必须离开。我必须离开"，但他也不太明白自己这样喊是什么意思（1976，p40）。

考虑到约翰逊的梦的本质，我们可以质疑他的母亲镜映的能力以及为儿子营造充满关心的环境的能力。她没能做到这些，这可能能够解释约翰逊后来的行为，他的行为看上去对任何接触到的人都有对镜映（即感知到自己讨人喜欢的映像）的欲求，而且是贪得无厌的。他常常必须成为众人关注的焦点，要吸引他人的注意，很明显他缺乏内在的源头来支持他独处。对他而言，与上文提到过的高管相比，一个安抚性的守护者的形象从来没有得到过恰当的内化。因此，他的认同感看上去一直很脆弱，经常需要来自他人的肯定。

正如我所主张的，如果镜映是我们日常生活以及与他人关系的动态，那么在公司内部领导者和下属之间这一动态的经营就非常重要了。领导者/下属关系中的各种因素——权力、权威、英雄崇拜、阿谀奉承、野心、寻求关注——都给扭曲的镜映提供了大量机会。下属很容易将自己的幻想投射到领导身上，按照自己创造的领导形象来解释领导者做的每件事情，这就不可避免地让领导者相信自己实际上是下属创造出来的虚幻之物。不幸的是，在领导者及其下属从这个虚构的世界中清醒过来之前，常常会发生一些灾难，而把残局留给他人去收拾。美国前总统罗纳德·里根的财政政策就是一个很好的例子。里根就职时上一任政府留下了8亿美元的财政赤字，里根在任期末将这个数字增加到了 22 万亿美元。他的选区的很多选民继续否认这一事实，坚持相信财政预算会实现平衡。里根成功地促进了这一过程，尽管是在形式上而非实质上，借此他反映了他的选区的愿望，即有效地掩盖了他作为一个国家的资源管理者能力不足这一事实。

当然，作为一名领导者，跟其他人相比更像是一面镜子或空白屏幕，可以让其他人的欲望或幻想投射其上。领导学的学者们（巴斯，1981，1985；伯恩斯，1978；科特，1982；本尼斯和纳努斯，1985；柯林斯，2001；莱维特，1986；蒂希和戴瓦纳，1986；普费瑞，1998；凯茨·德·弗里斯，1989，2001a；扎莱兹尼克，1989）列出了对领导者来说所必需的下列因素：明确表达未来愿景的能力，做出（通常是痛苦的）选择的能力，使用印象管理和下属分享愿景的能力，构建网络的能力，给下属授权的能力，让下属的前途扎根现实的能力。这些能力必须和领导力当中那些不这么具体和重要的方面（下属有多希望在领导者身上看到某些品质，以及因此赋予领导者的行动或不行动意义）平衡起来。如果你愿意的话，平衡这些属性是对父母提供给孩子的、根据现实而调整的镜映的实用版本。领导者管理镜映过程的方式反映了他们的成熟程度。严峻的考验是他们保持对现实的掌控的能力，看到事情本来面目的能力，尽管周围的人会给他们压力，加入他们扭曲镜映的游戏。但是，在危机发生时，尽管人类与生俱来就有潜在的退化行为，即使能力强大可以接受现实考验的人也可能会出现扭曲的镜映。

这些关于镜映的各种论述说明，在领导/下属关系中领导者看上去部分受到下属欲望的决定。一旦领导者感到需要实现下属创造的幻想，就可能出现扭曲。在这种情况下，企业就好比在一个到处都是镜子的大厅中运营，会反映出越来越多的奇异镜像。愿望代替了事实，虚伪代替了现实。最严重的是，领导者可以使用他们的权威和权力启动完全基于扭曲认知的运营，这会给公司带来严重后果。

商业背景中的镜映

一家日用电器公司罗泰克斯（化名）中发生的事情可以很好地说明在公司中发生的镜映过程。罗泰克斯公司属于摩尔家族并由其运营，20 世纪 40 年代由约翰·摩尔创立。后来，摩尔三个儿子中的两个和父亲一起打理公司。大儿子彼得负责生产和运营，二儿子西蒙负责市场销售。三儿子伯纳德仅仅读大学之前在公司里工作过几个暑假。得益于父亲设立的信托基金，伯纳德独立而富有，但他最终从大学辍学，大部分时间用来到处旅行，还加入了一个乐队。

然后最出乎意料的事情发生了，约翰·摩尔心脏病发作死了。和很多企业家一样，他没有做好遗产分割工作。他的死带来了戏剧性的后果，在整个公司引发了地震。经过一段时间的严重焦虑、充分商议以及犹豫之后，在一次家庭会议上（后来确认是在董事会议上）确定伯纳德应该成为新的董事长。之所以会做出这个离奇的决定是因为彼得和西蒙认为他们对自己目前的职位是不可或缺的，他们所在部门的任何变化都会带来不必要的破坏，尤其是公司处于现在这样一个关键时刻。因为伯纳德没有自己擅长的领域，所以他们认为他最适合全面管理公司——这真是自相矛盾。公司的高层起初非常谨慎，因为伯纳德的背景经历既有成功也有失败，但是后来他们认为伯纳德接手后公司发生了显著变化。他们觉得他迅速适应了自己的新职位，他的成就让他们佩服。

虽然伯纳德就任后士气大振，但罗泰克斯公司并非一切顺利。它们的市场份额开始迅速下降，利润开始下滑。随之而来的是企业内部出现了大量问题，流失了几位关键人物。西蒙非常忧虑，找来了咨询公司研究公司整体的运营情况。尽管西蒙认为自己的弟弟在董事长这个新职位上做得非常好，但是西蒙不能解释利润下滑的原因，而且他对公司的战略是否正确也抱有怀疑。

咨询人员作为局外人，不受公司里弥漫的焦虑情绪的影响，让他们感到震惊的第一件事就是罗泰克斯的经营者几乎没有受过什么培训，而且对于即便是最基本的管理手法也一无所知，这实在让人吃惊。和公司自己的管理人员不同，他们看到的不是一位天赋异禀的管理天才戏剧性地出现，他们看到的是一个对自己的工作一无所知的人。其他人视其为一根坚实的支柱，而咨询人员看到的是一个在不情愿的行动和敏锐的无力感之间挣扎的人，而这都是因为他对工作的无知造成的。此外，他们还注意到，伯纳德做的一些决定通常都是他手下一些高层的主意，还有一些情况完全是他的想象，因此实际上他什么决定也没做。

还有一点也搞清楚了，那就是在伯纳德自己采取行动时，他遵守的是自己这些年来形成的几个过分简单化的原则。这些原则看上去"有偏执狂的基因"（凯茨·德·弗里斯和米勒，1984；米勒，1984；凯茨·德·弗里斯，2001b），而且基于不信任和不安全感。例如，伯纳德拒绝和他的主要高管分享重要的财务信息，因为他担心如果雇员知道公司的赢利情况的话会要求加薪。但是，因为上述保密的原因，就无法在知情的情况下做出销售决策。伯纳德还开始削减成本以促进短期内的节省，这样做误入了歧途，因为事实证明从长远来看这样做成本更高。然而，伯纳德的很多下属仍然认为他很聪明。让咨询人员特别震惊的是，即便他的哥哥们也对他评价很高。

罗泰克斯长期以来取得成功的原因是公司现存的创新产品组合以及主要人员在公司里投入的精力，包括彼得和西蒙。毫无疑问的是，伯纳德也对公司有一些积极的影响。他的存在使得高管们重新拥有了对公司的掌控感（要是这种掌控感是虚幻的该多好）；他们在很大程度上是在利用伯纳德来映射他们想看到的东西。而伯纳德因为对周围环境不了解，所以常常会帮助参与镜映过程。咨询人员意识到，如果允许现状继续下去的话，会危及公司。但是，考虑到这种扭曲的镜映过程的吸引力，得需要相当大的努力才能打破这一魔咒。

幸运的是，尽管伯纳德有不安全感而且还从高管那里接收到了误导性信号，但他仍对现实有充分了解并意识到了问题的严重性。尽管他的下属对他存在幻想，但他意识到自己可能不是这份工作的合适人选。随着时间的推移，他和咨询人员建立了信任关系（这是成功干涉的必要条件），他承认自己感到困惑，坦陈自从做了董事长从未感到快乐过。周围发生的事情让他感到迷茫，他感到"完全置身事外"，有时会有不真实的感觉。他觉得自己像在参加一个剧本的演出，而这部剧他根本无法控制，他意识到自己阻挡了公司的发展。他真正感兴趣的是音乐。

对于参与者而言，很难确定一个倒退的、扭曲的镜映游戏的本质是什么，也很难停下这一游戏。在这个例子中，咨询者和兄弟三个进行了一系列的会面，来强化对现实问题的认识，展示前后矛盾的决策和完全缺乏战略的破坏性。咨询人员花了很大力气，在做出这些评论的同时保持一种建设性、支持性气氛，因为一旦他们被认为在寻找一只替罪羊的话，所有的努力可能就会付之东流。改变并没有突然发生，但咨询人员的建议渐渐开始收到效果。这个公司的问题最终的解决办法比较出人意料：伯纳德为了支持哥哥西蒙决定辞去董事长职务，他离开了公司，再一次投身于作曲和演奏中。

应对镜映

罗泰克斯公司的历史是一个关于扭曲镜映的警世故事。很多公司的支持者会掉入一个陷阱，认为自己公司的经营者天赋异禀，或者缺乏真正的领导力，否认现实，希望像施了魔法一样会发生好的事情。在领导/下属关系中，我们经常只看到我们想看到的东西。这一过程的代价就是错误的真实性验证和错误的决策。

领导者作为权威人物，很容易恢复童年时期历史的响应，变成一面镜子，帮助我们整合对自身的看法，帮助我们巩固摇摆的认同感——尤其是在危机发生时。很多领导者不反对这一过程。下属钦佩的眼光可能非常令人满意。毕竟，我们都有自恋的需求。我们不应该忽略这样一个事实，那就是镜映游戏有其积极的一面，因为镜映可以暂时提供急需的凝聚力，让一个公司经受得住巨变。其动力可以创造一个共同的愿景并付诸行动，而且通常会产生良好效果。然而，健康的洞察力和批评以及容忍他人坦率反馈的能力是一剂良药，可以检查出镜映过程中的扭曲。很多领导者没有这一能力，来自镜映下属的诱惑让他们中很多人误入歧途。

伯纳德能够放手。他设法打破了镜子的魔力，让自己和他人及时从这一致命咒语中解脱了出来。但是很多情况下，公司还没来得及发现内在的破坏力，灾难就发生了。在同样的场景下，还可以激活其他的补救方法或预防措施吗？不幸的是，如果情况恶化到了临界程度，一个公司的结构中所有的常用安全措施在很久前就已经无法执行了。可能对于一家陷入一个非生产性的、镜映阶段的公司来说最有效的做法就是来自外部的顾问的介入，这些人手里拿的是另外一面镜子，显示的是另一个更真实的镜像，他们的解释具有建设性，往往可以帮助已经失去方向感的人们重新确立方向。

第 2 章

残缺的自我：
自恋和权力的运用

崇拜一位独裁者是一件非常让人讨厌的事。
如果仅仅是头朝下跳舞的话还不会这么讨厌，
每个人经过练习都能做到。
真正的问题是从一天到另一天、从一分钟到下一分钟，
没有办法知道何为对何为错。
　　　　　　——齐诺瓦·阿切比《热带草原的蚁山》

尽管偶尔会幻想无限力量，
自恋者依靠他人来确认自尊。
没有仰慕的观众他就无法生存。
他表面上看起来不受家庭和制度束缚
但这并不能让他独一无二或以自己的个性而自豪。
相反，这只会给他带来不安全感，
只能在看到其他人的注意力中所反映的
他"宏伟的自我"时才能克服，
或者将他自己依附于那些有名、有权、有魅力的人。
对于自恋者来说，世界就是一面镜子。
　　　　　　——克里斯多夫·拉什《自恋的文化》

我们对"权力"一词的反应就是其在人类行为中扮演的矛盾角色的最好象征。几乎没有人会否认权力的吸引力，但是我们承认对于权力者们获得权力的方式（实际上就是我们自己运用权力的方式）我们有着矛盾的感觉，既不安又怀疑。权力的内涵涉及人关注的基本事物：力量和软弱、支配和被支配、控制和服从——以他人的意愿为代价实现自己的意愿。这些内涵是破坏性的，非常令人讨厌，而且应该将其独有的力量归于作为人的基本事实——我们一出生就存在于从属关系中，而且我们必须死。从我们生命的最早期开始，我们的生存和不断发展的自我感知就和权力的利用和滥用联结到了一起，而且无法取消，这种联结是通过控制我们的有影响力的个体以及不断成长的我们自己形成的。

领导力就是对权力的运用，领导力的质量——好的、无效的或是破坏性的——取决于个人运用权力的能力。在很大程度上，领导者的权力源自机构所提供的不同等级的权力以及领导者的职业能力，理性思维技能，愿景和想象，构建人际关系的能力，以及更多的个人特征，例如魅力、幽默和决断力。但是还需要另外一个属性：个体支配感。

"管理、指引、实现个人的愿景、创建体系以及带领人们追求某个目标：所有这些活动都需要领导者有一定的支配感"（拉皮埃尔，1989，p177）。拉皮埃尔认为，这种支配感是我们内部古老的无能感和从我们生命的早期就与我们共存的无所不能的感觉和解的结果。

儿童成长过程中处于一种矛盾的状态，既有无助感又有无所不能的感觉，因此他们的心理健康与他们的母亲对这种矛盾状态的反应相关。随着儿童的成长，他们开始测量其性格的边界，在这个过程中所经历的鼓励和挫折的程度对于他们对自身、对他人的看法以及他们整整一生过程中所形成的关系，都会产生持续的影响。他们的无助感和从父母那里受到的保护性养育的程度之间的任何不平衡，都会让他们感觉受到了心理上的伤害。来自环境的程度不当的挫折，对待纪律或者说对付纪律的能力，都会助长与生俱来的无力感，对此他们一般的反应是感到愤怒、想要报复、渴望自己拥有权力以及对于无所不能的力量的补偿性幻想。这种动力会持续一生，而且如果个体在成长过程中这一问题没有得到恰当解决的话，当其处于领导者职位并学会怎样玩权力的游戏时，上述反应可能会复活并带来毁灭性后果。

当然，权力的运用可好可坏，但事实是，权力的运用会位于这两个极端之间，这使其成了人类欲望领域的矛盾因素。野心、想要留下自己的印记、对关注的渴望以及采取主动权和控制权的欲望都处于合法的边界内，但是，让人担忧的是欲望很容易跨出界限。对于越界的结果，历史和文学作品已经给了我们足够的例子，证明我们对于个人名下的权力心存畏惧和怀疑是应该的。如果权力的游戏在没有解决无助和自大、无能和全能之间的基本冲突时就开始会发生什么事情呢？如果权力被滥用会发生什么呢？孩童时期的受伤感是否会不可避免地产生个体对权力的病态依恋，或者这是否会在权力得到建设性利用时产生积极结果？

处理童年受到的伤害

弗洛伊德在 1916 年的一部著作中写到了在心理分析工作中遇到的一些性格类型，其中一类叫作"例外型"。弗洛伊德提到了莎士比亚的悲剧《查理三世》，他描写了约克公爵查理（后来的查理三世）的权力，约克公爵要求享有特权，还要求某种形式的对他身体残疾的补偿，因为他做出了"敏感、虚伪、危险"的行为（《亨利六世》，第三部，第5幕，第6场）：

上天既然把我的身体塑造成这个样子

就让地狱扭曲我的心智来迎合它。

我没有兄弟，我就像没有兄弟一样；

"爱"这个字，老人称其为神圣，

去居住在别人那里吧，

不要与我为伴：我是孤独的。

弗洛伊德认为莎士比亚的巨作《查理三世》中著名的开场独白（"现在我们严冬般的宿怨已给这颗约克的红日照耀成为融融的夏景"）含义如下："我有权成为一个例外，忽视让其他人退缩不前的顾虑。我自己可以做错事，因为我已经受到了不公平的对待"（［1916］1953e，p314-p315）。无论他们遭受的苦难是真的还是想象出来的，有这种受伤感的人都会相信普通的行为规则不适用于他们。他们得到允许可以犯错。他们认为自己是被选中的，可以享有特权。命运赋予了他们特殊的使命。这些信念来自一种补偿性的无所不能感，这是他们为了掩盖自己的无助感而产生的。他们不负责任、不顾后果，有越界的特权，这都是正当的，因为命运神奇地决定了他们的选择：他们自己不会犯错。

埃里克森（1963）让人们注意到了一种方式，阿道夫·希特勒在自传《我的奋斗》中提到命运对于其使用的意象起到了重要作用：

他用德语写就的神话故事并不是仅仅在说希特勒出生于布劳瑙，因为他的父母就住在那里；不，是"命运指定了我的出生地"。这件事情之所以发生不是因为事情的自然发生；不，正是因为"命运的不当而卑鄙的手段"使得他"出生在两次战争之间一段安静而平和的时期"。当他贫穷时，"贫穷用双臂拥抱着我"；当他悲哀时，"'悲哀'夫人是我的养母"。但是他后来学会了将这"命运的残忍"称赞为"上帝的智慧"，因为让他更坚定于为大自然（"所有聪明智慧的残忍女皇"）服务……"命运慷慨地允许"他成为一名德国步兵……当……他站在法院前为他的第一次革命行动辩护时，他确定"历史上不朽的审判女神会微笑着撕碎"陪审团的判决。

命运，曾背叛了英雄，让他遭受挫折，现在慷慨地服务于他的英雄气概，撕毁了那些又老又坏的人的判决：这是德国人的理想主义中弥漫的孩子气的意象。（p305-p306）

精神病学方面的文献提供了大量关于希特勒的人格类型或精神错乱的临床描述。描述希特勒滥用权力存在的问题是，他让德国和欧洲所承受的痛苦规模如此之大，使得任何分析他内心舞台的企图要么流于虚弱，要么成为共谋。有大量来自希特勒作品的证据表明，他一直有一种基本的人身伤害感。他从小由一个冷酷野蛮的人抚养大，这个人老得足以做他的祖父了，这个人经常殴打妻子和孩子。希特勒起初不过想做一名艺术家，但是因为既缺乏天分又受到父亲的反对而受阻。希特勒生前和死后，他身边的很多人都推测他性无能，认为他自年轻时就饱受梅毒之苦，并将其描述为"无性"："大量无处发泄的神经能量首先在其下属的服从中寻求补偿，然后是国家的服从和欧洲的服从……在性生活中他无法像男性一样，只有一次他差点找到了那个女人，但从来没有找到那个男人，而这个男人可能会给他带来解脱"（汉夫斯特冈，1957，p22，p52）。可能希特勒对成人权威的看法是不公平和随意的，加之他生理上的缺陷，形成了他充满愤怒和仇恨的狂暴的内心意象，而他内部又无法吸收和化解这一意象，因此将其投射到外部世界当中。造成的结果就是第二次世界大战、集中营以及牺牲的受害者这些前所未有的惨状。

但是对童年时期受到的伤害的意识就一定会导致破坏性的人格投射吗？其结局一定是对权力的异常运用吗？瑞典电影导演英格玛·伯格曼的自传显示了另外一种可能。伯格曼的童年充满惊恐，但他还是经由电影这一媒介的创造性和生产性成功地与其达成了和解。

我们大部分人的成长经历都基于以下概念，例如过失、忏悔、惩罚、原谅和恩惠，以及孩子和父母与上帝之间的关系中的具体因素。所有这些有一个内在逻辑，我们接受这一逻辑并且认为我们理解……我们从未听说过自由，甚至连自由的滋味如何都一无所知。在等级性的体系中，所有的门都关闭了。

因此惩罚就是不言而喻的，从未有人质疑。惩罚可能迅速而简单，例如脸上一掴或屁股上一巴掌，但是惩罚也可能非常精细，经过一代又一代而变得精确。（1988，p7-p8）

正如伯格曼所回忆的，他的成长经历带来的后果非常具有戏剧性：

我的哥哥企图自杀，我的姐姐因为考虑到家庭而被迫流产，我从家里逃了出来。我的父母生活在一种令人精疲力竭的、永无休止的危机状态之中，无始无终。他们履行自己的职责，他们付出了很大努力，呼吁上帝的怜悯，他们的信仰、价值观和传统对他们来说全无用处。怎样也无济于事。我们在灯光明亮的牧师住所的舞台上、在每个人的眼前上演这一出戏剧。恐惧创造新的恐惧。（p139 - p140）。

但是，伯格曼经常遭受的惩罚中有一种有趣的模式：

有一种……自发的惩罚，对于深受黑暗的恐惧折磨的孩子来说非常讨厌：被关在一个特殊的橱柜里。厨娘艾玛告诉我们那个特殊的橱柜里住着一个小动物，会吃淘气孩子的脚趾……

当我找到解决方法后这种惩罚就不再吓人了。我在橱柜的角落里藏了一个能发红光和绿光的手电筒。当我被关进去后，我就找出我的手电筒，让光射到橱柜的壁板上，假装自己在电影院里。(p9)

如果我们以简化的角度来看待职业选择的话，我们可以看到伯格曼后来从事电影职业的基础主要源于小时候企图控制恐惧的这种经历。伯格曼对光线的使用最终变成了对放映机的迷恋。通过对恐惧的这种建设性的掌控方式，他成为电影制造业的出色人物，给他人带来了极大快乐。这不是说他已经能够完全战胜内心的魔鬼。正如他在自传中所记录的，他终其一生饱受身心功能紊乱以及其他问题的困扰，包括胃溃疡、长期失眠、经常性背叛，以及因为怀疑自己是否有能力继续拍电影而经常做噩梦。抑郁就像"一群群黑鸟"一样袭击了他，他继续使用精心设计的固定程序来控制自己内心的各种恶魔。但同时，他拥有将这些固定程序转换为创造性活动的能力，这和他用彩色的手电筒抵挡被关在橱柜中的恐惧大同小异。

机构背景下的自恋者

以上是一些相对比较戏剧性的例子，下面我们来看一下个体未解决的自我意识或不现实的全能感会怎样影响一个机构的工作。对于很多读者来说，这种情况及其结果可能很眼熟，因为他们在自己所处的机构内也看到过类似或大或小的影响。

哈利·朗纳（化名）是我的一位病人，他患有严重的抑郁，有一些压力症状，这些都是在他仅仅担任了五年泰拉公司（化名）的董事长就被迫辞职后发生的。这家公司是一家知名的食品公司。他在四十岁刚出头时被任命为公司的董事长，登上了事业的巅峰。他的前任亲自挑选并推荐他担任这个职务，而且获得了董事会和高层的一致同意。在这期间哪里出了问题？为什么朗纳这么快就从巅峰滑落，而且摔得如此之重？

前任董事长和公司的其他高管都钦佩朗纳的品质——

他作为团队成员时表现出来的天分以及他对参与式管理公开表示的承诺，但这些在他成为 CEO 那一刻都消失得无影无踪。很多在他就任董事长之前就认识他的人说他看上去好像一夜之间变了个人。他受到了广泛批评，因为他越来越坚持自己的道路而拒绝听取他人的意见。

就职之后，朗纳马上着手开始一些花费巨大的项目。他的第一个计划就是将公司的总部从这个国家的北部搬到东部，声称是为了距市场更近。但是，公司内部持怀疑态度的人说背后的真正原因是朗纳想离自己在乡间的住宅更近些。随之而来的是一系列昂贵的采购，包括两架属于公司的喷气式飞机，供朗纳及其他高管飞往世界各地，还有一艘专门定制的游艇，据说是用来招待生意伙伴的。实际上，这艘游艇主要是供朗纳及其朋友深海捕鱼之用。

朗纳声称为了使公司的结构更加合理，改变其传统形象，使其更加符合潮流，在四年内进行了两次大的重组。公司雇用了大批咨询人员，在此期间他们的工作唯一可见的结果就是公司严重的不稳定，失去了大量宝贵的长期客户，公司的士气也出现了严重问题。随之进行了一些可疑而奢侈的并购，几乎没有考虑到是否适合公司。这么多年以来泰拉第一次开始亏损，股票市值迅速下跌。

尽管公司出现了赤字，但朗纳的薪水以及享有的大量特权仍未受到影响。他好像并未受到利润下滑的影响，在公司的财政危机日趋严重时仍满腔热情地在巴黎附近的城堡组织企划会议。没有削减任何一项开支，包括租用直升机运送公司员工和客人，支付给一些政客高额的演讲费，还雇了一名三星级的法国大厨来督导宴会的准备工作。此时，朗纳独断专行的领导风格和行为已经使他疏远了一直以来为数不多仍留在公司的几位支持者。幻想再出现坦诚交流是不可能的了，好的建议被忽略，弃之不顾。几位高层集体辞职，股价达到了有史以来最低，公司内部弥漫着葬礼一样的气氛。朗纳难以接近，对于公司出现的问题无动于衷，对试图接近他的那些高管视而不见。当朗纳同意以低利息借款给他和别人合伙开的一家公司时，危机发生了。利益的冲突让董事会有了他们需要的理由来要求朗纳辞职。尽管朗纳表示抗议说他看不到任何潜在的冲突，因为他并不在那家公司担任管理职位，但朗纳还是被迫辞职了。

几周后，朗纳的情绪前所未有地低落，于是他来找我。

这是他第一次接受治疗，他提前进行了大量的相关阅读，做了充分准备。他一进入房间就让我印象深刻。他相貌出众，衣着得体，身穿阿玛尼的西装，脚蹬古琦的鞋子，戴着一块百达翡丽的手表。他很快就开始展示对临床术语的精通。他做的第一件事就是从公文包里拿出几张剪报，给我看他和世界各国的政要以及艺术家的合影。在谈到自己时他很坦诚。

朗纳回忆说，他从小便是注意力的焦点。有人去他家做客时，他的父母会炫耀他的外貌，把他打扮得漂漂亮亮的，让他在客人面前唱歌和朗诵。他清楚地记得人们坐在他周围观看，鼓励他表演。读高中时，他的妈妈劝说他的老师让他跳一级。回顾往事，朗纳有时怀疑这是不是一个明智的举动，因为这给了他很大压力，而且让他失去了朋友。他抱怨说他的父母看上去从来不在乎他个人的诉求，他们对外在的成功性标志更感兴趣，例如学习成绩和漂亮的外貌。

朗纳读高中时表现良好，在毕业时作为最有可能成功的学生被列入了纪念册。他进入一所常春藤联盟大学继续学习，在那里他吃惊地发现事情对他来说不再容易。为了得到高分，他不得不努力学习，这在他生命当中是第一次。随着他花越来越多的时间和女孩交往，这项任务变得更难了。在拿到 MBA 学位后，他主要的问题就是在众多工作机会中选一个。他是最成功的面试者，发现自己很容易就吸引了面试官。他对媒体的兴趣以及个人品味自然而然地把他引向了广告业。他一开始加入的是泰拉的一家子公司，在那里他富有感染力的热情和自信让他迅速接连升职。

经过我温和的提示，朗纳意识到自己性格中的一些黑暗面。他意识到他的人际关系可能一直以来就有些不平衡。他认为对他工作的赞赏是理所应当的，感到自己有这个资格。但是，他发现自己很难对其他人的工作表现出真正而非假装的赞赏。基层的管理人员一旦没能对他的观点表现出热情，很快就会发现自己失宠了。朗纳承认一旦有人激起他的怒火，这个人的职业生涯就岌岌可危了。他提到有两次他采用非常规手段让对手处于不利地位。尽管他知道怎样做到机智敏锐，他也可以做到怀恨在心。朗纳详述了他吸引上司的天赋。他擅长在政治游戏中展示自己好的一面。这样做很有效果。他登上了顶尖职位，至少在那里待了一段时间。但是，大权在手后他失去了边界感。他在某种程度上相信政策的行为规则不再适用于他，他可以随意违反。游戏失控了。他的态度给公司带来了灾难，人们感到受到伤害和压迫，结果导致公司几乎破产。

自恋的类型

像哈利·朗纳这样的自恋型人格在高层管理的职位上非常常见。实际上，很多自恋型的人都需要权力、威望和魅力，所以这些人最终登上领导者的位置也就不足为奇了。他们的戏剧感、操控别人的能力、快速建立表面关系的巧妙手法都让他们在机构生活中混得风生水起。在可以满足他们对伟大、名望和权力需求的领域，他们能够获得极大成功。但是，尽管对于这种成功而言一定的自恋型行为可能是必需的，但与其他事情一样存在一个程度问题，如果适量的话有助于有效的组织功能，领导者的戏剧性性格、自信以及坚强的意志是有感染力的。在一家步履蹒跚的公司内，这些性格特点甚至可以产生急需的团队凝聚力以及应对内部和外部危险信号的警觉。此外，很多高管将下属作为自己的延伸来用，这不一定是消极的。积极的一面是，这些高管和下属分享他们的愿景和专业知识，因此给下属的学习和职业发展提供了机会。很明显，这种领导行为在公司处于危机之中时尤其有效，因为在这种情况下需要热情和目标来激发动机和势头。

不幸的是，这种自恋型的个体所激发的激动感常常是暂时的，很容易消退。这时过度自恋型人格黑暗的一面就显现出来了。尽管自恋型高管被宣称有巨大的潜力，但是随着时间推移，越来越明显的是他们缺少某些东西——最初的承诺永远得不到实现。对于这些领导者来说，权力和派头比恪守承诺更重要。他们的精力可能会放在那些政治上有利的项目而非长期目标上。他们主要关心怎样保有自己的职位和重要性，他们对其他人以及公司的需求不屑一顾。他们的行为不受约束，自以为是，傲慢自大，置公司的结构和程序于不顾，不能接受真正的沟通，这些会破坏公司的运营，使其无法适应内部和外部的变化。他们随之会在决策时独断专行，无法忍受批评，不愿妥协让步，这些不可避免地会对公司产生严重的负面影响。

领导者最重要的作用之一就是能够意识到下属的情感需求并去适应。极度自恋型领导一般会忽视下属的合理需求，并且会利用下属的忠诚。这种类型的领导者剥削成性、冷酷无情、求胜心切，常常会依赖于过度贬低他人。这种行为会形成服从和消极的依赖，使下属无法发挥批评的作用。悲哀的是，这些高管本身很少意识到他们这样做的原因。通常只有在出现严重的个人问题，例如身体老化、事业受挫、婚姻问题或者在工作和男女关系中越来越感到空虚时，这种人才会开始思考他们身上发生了什么，原因是什么。

朗纳展示了自恋型人格的很多特征。他在童年时期自我意识的发展不断带来破坏，结果导致过度代偿的行为方式。从表面看来，他的父母看上去对他很好。他是父母关注的焦点，多亏了父母，他才能享受特别受优待的生活方式并就读名校。但是，他可能从未得到许可拥有他需要的心灵空间以发展自我身份的凝聚感。他的父母无视他的个人感觉，只关注他的外表和成就的外在标志，这说明了他们对他真正的本性漠不关心。在他父母那里，他就是个代用品，帮助他们寻求羡慕和伟大。他们的行为创造的仅仅是一种爱的幻觉。作为一名成年人，朗纳缺乏完整的自我意识。只要孩子感觉到自己受到别人的尊重是因为自己，他们就会乐于做自己，从而获取内在价值感和自尊感。一旦缺乏这种感觉，他们就会为了自我主张和自我表现而进行代偿性努力。以朗纳为例，坐上领导职位已经释放和激活了他对于自己的重要性和权力的不切实际的幻想，他根据幻想而非公司的现状来行使权力。他的行为造成的破坏很明显与其成就完全不成比例，这表明一个人对权力的不当运用会给一家大公司带来危险。

控制自恋的影响

正如我们可以想象到的，自恋型人格尤其易受到领导者镜映效果的影响，这种镜映效果就是下属相信他们在领导者身上看到了他们想在自己身上看到的正面品质。为了能够行使领导者的职责，个体需要一定量的自恋。不幸的是，身为领导者这一事实反而过分刺激了自恋的进程。并非每个人都能控制这种刺激。个体以及整个公司都很容易受困于伴随领导者镜映效果而来的退化的关系模式。因为自恋型个体自我批评能力和自我区分能力的减退，这些模式不可避免地会恶化。

不幸的是，一家大公司内部常规的保护体系，检查以及平衡，通常无法及时发现自恋型人格的危险信号，只有在破坏发生后才能发现问题。我们在这里谈了很多关于自恋的内容，举了哈利·朗纳的例子。自恋通常在个体拥有权力后首次出现，或者常常在这个人掌权一段时间以后出现。

遗憾的是，对于怎样限制这个潜在的问题并没有现成的答案。尽管及时察觉这一现象是一种办法，但是正如我在上文中所指出的，这很难做到。最后，公司的健康发展在很大程度上取决于领导者观点的正确、自我意识以及个人的平衡感。约翰·哈维－琼斯爵士，英国化学工业公司（ICI）的前董事长对于这一问题的解释非常明确：

职位越高，危险就会越多。我很多次提到了阿谀奉承的危险，我对权力的影响心存恐惧。这些危险会危及一个人认清自我以及自己动机的能力，但是要避免接触到其中一种或两种（可能性更大）危险几乎是不可能的。

最终，你要依靠的是自己的理念以及心目中榜样的样子。我认为有必要为你渴望的理想主义画一幅像，藏在你能看到的地方以便看看你是否还保有初衷（就像道林·格雷一样）。尽管确实非常难，但要忠于自我也是可能的，只

要你承认这种事情时有发生。(1988，p227)

悲哀的是，并非所有的领导者都有这样的洞察力。很多领导者非常乐意默许阿谀奉承。有些领导者可能后来会开始想象这些反应都是他们应得的，他们值得受到这种关注。解决这种行为的方法就是美国前总统杜鲁门描述的那种现实的实用主义，杜鲁门曾说过："我整天坐在这里试图劝说人们去做即使没有我的劝说他们也应该有充足的理由去做的事情……这就是总统所有的权力所在。"（引自《诺伊史塔特》，1960，p9-p10）

杜鲁门可能夸大了自己权力的局限性，但至少他保持了客观判断力。他的自我意识足够强大，可以抵挡住总统的权力带来的诱惑。据报道，政治人物阿德莱·史蒂文森曾说过，"只要你不接受，奉承也没有关系"。问题在于人们会接受奉承。权力是一种强有力的麻醉剂——让你具有活力、维持你的生命、让你上瘾。拥有权力的人一般都是通过努力获得的，因此不会想放弃。这种上瘾给个人和公司带来的与权力相关的问题是截然不同的。

第 3 章

放权：情感的最终清算

你知道的越多，你就越清楚自己有多无知。

你的困惑是有限的，你的无知是无限的。

越用无知去解决困惑，

你的生命中就会有越多的损坏需要去修补。

这会让你对自己的无知感到失望，

你也越能够去爱自己的无知并去追求它。

你现在不了解的东西会产生全新之物。

——克利福德·斯科特《谁害怕威尔弗莱德·拜昂》

位高权重的人迟早要放手。放权对于一个人来说是积极的还是消极的、程度如何，这在很大程度上取决于个人及其所处的环境。但是，这可能会产生毁灭性的后果，有时候可能会看上去像是一种激烈的行为，不管这是发生在事先安排好的时刻（例如退休时），还是因为自愿离职或出于机构及政治原因导致的裁员，或是出于更极端的原因，比如生病或死亡。对于领导者来说，放权尤其困难。与其职位相伴的公众认可是他们生活中的一个主要因素，退入私人领域是一个巨大的反转。他们已经适应了机构权力的认同，适应了自己施加给他人、政策、资金以及员工群体的影响。他们已经适应了自己作为个体的重要性以及作为他人领导者的角色经常得到的认可。他们已抵达顶峰，因此下一步何去何从非常关键。

放权之难可以解释为什么有些领导者会一直待在领导职位上，直到自己感觉能做的事情都做了，对自己的行为也不再满意了，感到孤独、空虚或没有成就感，熬过所有质疑，不再有明确的方向感。我给这种现象起了个名字叫"CEO 忧郁症"，这种强烈的抵制是因为在位太久而引发的。那些年龄较大时才当上 CEO 的问题就没这么严重，尤其是如果存在强制退休年龄的话。工作时间跨度不固定意味着比固定更容易让人感觉到厌倦和乏味，最初接手工作时的激动感会持续。但是对于在相对比较年轻时就当上 CEO 的人来说，任职时间太长可能会变成一个严重的问题。他们自己早期的成功很难被复制。在经过短得令人吃惊的一段时间后，他们可能就会发现自己急于知道怎样再创辉煌。有时候他们需要的是能说够了，并决定该是别人接手的时候了。德克化学制品公司（化名）前任 CEO 马特·古迪说：

我总是感到筋疲力尽，大部分精力都用来努力掩饰，以免别人看到我的疲倦和心不在焉，但这样做让这两个问题更严重了。这种疲劳不是健康方面的，一剂肾上腺激素就可以恢复的那种。我失去了所有的激情。每件事情都变得烦琐无趣。我在一些会议上从头坐到尾，但是会后你要是问我的话，我连讨论的第一件事情都不记得了。我以前状态很好，但是现在不行了。当然大家也注意到了，在背后窃窃私语。我开始变得偏执，监视在我背后发生的事情，对有些人避而不见。我感到自己在用指尖紧紧抓住这一切。

我过去经常对自己说："坚持下去。你还有好几年要熬呢！"
我害怕自己这么快就精疲力竭了，看上去我的精力已经所
剩无几了。早上开车去上班时，我常常要控制住掉头开回
家的冲动。当公司的市场份额开始下降时，我知道我的精
神状态必须为之负责：至少我看不到任何出路，这两件事
是一回事。我意识到我想逃走，但是在事情有起色之前这
只是权宜之计，对我和公司来说都是如此。这一切太沉重，
来得太快。

对于像古迪这样相对年轻的 CEO（他们年纪轻轻就登
上了职业巅峰）来说，放下并改变前进方向是一个实际的
选择。但是，年龄较大一些的领导者，面临的问题是下一
步要做什么，尽管知道答案是退休，却不得不面临另外一
系列问题。退休日期的临近让他们不得不努力去面对很多
困难而痛苦的现实。索南·菲尔德（1986）认为这种现实
是意识的丧失：丧失乐观，可能会丧失健康、活力以及工
作（生活中的一项重要活动），这会威胁到一个人对于未来
的信念；丧失名望，丧失公众曝光率和大众的联系；丧失
来自他人的关注，丧失影响，丧失来自他人的反馈。而意

识到个人在职位上升的过程中已经失去或牺牲的东西往往会加重这种损失感，他们失去或牺牲的东西包括：有意义的个人生活，和伴侣、孩子以及朋友的良好关系，发展外部联系和外在兴趣的时间。紧紧抓住权力可以让他们避免面对这些现实。

这种个人冲突的存在很容易理解。但是，也有其他因素在起作用，这些因素藏于一个人的内心深处，更难发觉。我们给自身的存在制造了很多障碍。最明显和最表面的一个——尽管绝不是最不重要的那个——就是经济和社交方面的。在退休年龄到来之前离开职位会影响到退休金，这会加剧经济损失。而配偶和孩子会带来更大压力，他们已经适应了你的工作带来的特权和荣耀，而且也习惯和那些可支配收入相差不大的人交往。然而这些约束尽管现实，却往往没有其他那些被忽视的因素重要；经济和社交障碍不过是冰山一角。放权的危机主要在于大量隐藏的心理和情感因素。

老化的影响

登上领导职位时往往身体老化的影响也开始变得明显。

镜子里反映出来的现实是：时间是有限的。有很多明显的身体上的变化：牙齿问题，皱纹，白发，谢顶，需要戴眼镜或眼镜度数加深，体重增加，身材变形。研究显示，面部表情和生殖器对于个人的自我意识尤其重要。性问题，尤其是男人性能力的减退，对于自尊而言是毁灭性的。这些变化如期而来，与之相伴的是情绪反应的混乱，例如恐惧，焦虑，忧伤，沮丧和愤怒（埃里克森，1963；阿奇利，1972；基梅尔，1974；洛温塔尔，特尔郝恩，奇里沃佳，1975；瓦利恩特，1977；莱文森，1978；古尔德，1978；凯茨·德·弗里斯，1980b；巴特勒，1985；希伊，1995）。在这一阶段，我们也开始计算生命还剩下多少时间而非我们出生后过了多少时间（纽加顿，1964，1968）。随着年龄增长，一个人的关系的改变，父母的依赖性与日俱增，父母的离世，生儿育女带来的压力和负担都会给我们的情绪带来负面影响。潜在的问题就是我们不得不与必死的命运开始斗争了（杰奎斯，1965；凯茨·德·弗里斯，1980a）。我们不得不勇敢面对这一切，摒弃深埋心中长生不老的珍贵幻想。

自我受到的这些打击会激活自卑感以及补偿性努力，

这二者都是童年时期的特点。鉴于很多高层管理人员自恋尤为严重（这是个人倾向和职位结合的结果），意识到衰老对他们的心理影响与他人相比更为严重。个人死亡是通过身体的老化实现的，这是自恋性伤害的极限。法国前总统瓦勒·里季斯卡·德斯坦在其回忆录的第二卷中以令人惊讶的坦率描述了衰老带给他的恐惧和忧愁。

当我还是法兰西共和国的总统时我的容貌就开始衰老了。这种情况发生的时间还要更早一些，不过是隐蔽的。我从来没有完全接受过我的外貌：太高的身材，举止僵硬；腰带下的臀部太宽；青春期的照片中我的脸甜美柔和，而现在轮廓正在慢慢消失。

我还很年轻时就开始脱发。我第一次注意到这件事是在德国一家小型度假胜地的酒店浴室里，借着天花板中央一扇窗子透进来的光。光垂直照射进来，我在镜子里看到光线穿过我的头发（能清楚地看到每一簇头发）直接落到了头皮上。这让我感到一种恐惧……

和大自然中的其他生物一样，和每一个动物一样，我也要缓慢地老去……但是即便如此，我也拒绝见证这一切，我想避开所有的标志。我除了刮胡子之外从来没有照过镜子，即使在刮胡子时我也尽可能把光线调到最暗。走在街上时，我小心翼翼地避开商店的橱窗，因为那上面会映出我的样子。

在我担任总统的七年间，无论何时，只要我坐在记者对面或在人群中抱住一个孩子，我一秒也没有想过他们看到的是我现在的样子。我相信他们看到的是一个 35 岁的年轻人，头发覆盖着两鬓，肌肉结实而富有弹性，刚刚脱掉了青春期身体上的柔软，但又未被岁月变得成熟或僵硬。我留着所有的旧衣服。我不定期地会穿这些旧衣服。因为它们几乎没有穿过的痕迹，可以让我生活在幻觉中——时间的流逝从来没有影响到过这具躯体（1991，p110）。

对身体退化的自我意识以及缺陷感会刺激人去寻求替代的发泄途径。对有些人（鉴于其所在的职位，CEO 尤其如此）来说，对权力的运用就成了一项重要的替代活动。美国前国务卿亨利·基辛格，曾经暗示过权力和性的补偿关系，他说得很含蓄："权力是最强效的春药。"基辛格非常清楚权力对异性有性吸引力，但是他的话也表明权力可以让拥有它的人兴奋，这可能是对于缺少直接的性满足的一种补偿。

对于生殖器或性与权力之间的关系，有一个传统能够说明得更清楚，这个传统堪称人类学上一个真正的罕见之物，这个传统在印度教的王国里保持到了 17 世纪末：

印度城市帕蒂亚拉的王公曾经有一个传统，那就是一年在他的大臣面前裸体出现一次，浑身上下只戴一个钻石护胸甲（由 1001 颗闪耀的蓝白钻石搭配而成），他的生殖器骄傲地完全勃起。他的举止被认为是对湿婆阴茎的阳物崇拜的现场展示。随着王公走来走去，他的臣民们欢呼喝彩，他们的欢呼声是对高贵的阴茎的尺寸的认可，也是对认为是从土地里发射出的魔力的认可。（罗丝等，1982，p524）

虚无的经历

伴随衰老而来的失落感以及个人的脆弱可能会让人格外不想放开权力和责任。很多领导者在保持权力基础方面表现出极大的热情、专心和固执，因为他们所处的孤立境地会刺激失去权力后可能随之而来的孤独和令人沮丧的恐惧。一夜之间成为一个无足轻重之人的威胁，以及对空虚的经历，都会产生巨大焦虑。哈利·杜鲁门总统在离职后不久就直面了这种威胁，他说："两个小时前，就算我只说五个单词，世界上所有国家的首都都会有人加以引用。而现在就算我讲上两个小时，也没有一个人会在意"（格拉夫，1988，p5）。在职位和行动上都与他人疏远了，可能婚姻关系也不太牢固，再加之没有什么朋友，面临退休的领导者可能找不到人获取精神支持来对抗对空虚的恐惧。这种恐惧可能会促使一位领导者抓住位子不放，即使这样做会使得交际圈只局限在那些受利益驱使而溜须拍马的人身上。

关于放权过程中涉及的心理压力，林登·约翰逊总统进行了说明。约翰逊从儿童时期就饱受关于瘫痪的噩梦的折磨。"他会看到自己一动不动地坐在一个巨大笔直的椅子上……椅子周围是一片巨大而开阔的平原，牛群朝他蜂拥而来。他想动却不能动。他一遍又一遍地喊妈妈，但是没有人来。"（卡恩斯，1976，p32）约翰逊的家人中有不少得了中风。他的奶奶因为中风而导致颈部以下瘫痪，就像他梦里那样坐在椅子上。根据他的梦来推测童年对瘫痪的恐惧对他以后的行为和行动有多大影响，他对权力的追求又在多大程度上是对恐惧和无助的补偿性反应。美国总统是世界上权力最大的人。两位前总统，富兰克林·罗斯福和伍德罗·威尔逊都瘫痪了。这两个形象混到一起了吗？后面发生的事情显示可能确实如此。20世纪60年代后期，约翰逊意识到自己该从总统的位置上退下来了。他的健康状况不佳，还卷入了政治危机，很明显越南战争依靠常规性武器是赢不了的，他也不能再依赖往常议会的同盟。他赢得第二次大选的机会渺茫。随着总统任期即将结束，以前的噩梦换了种形式回来了。

这次他梦到自己不是坐在旷野里的一把椅子上，而是躺在白宫的红房间里的一张床上。他的头仍是他的，但是从颈部往下他的身体很瘦，不能动弹，伍德罗·威尔逊和他奶奶晚年折磨他们的痛苦正在折磨他。他当总统时期所有的助手都在隔壁房间。他能听到他们在激烈地争斗，想分割他的权力……他能听到但是命令不了他们，因为他既

不能说话也不能走路。他病了，动弹不得，但是没有一个
助手来保护他。(卡恩斯，1976，p342)

约翰逊会吓得从噩梦中醒来，恐惧使他再也无法入睡，
害怕又做同样的梦。只有通过一个特殊的仪式他才能安抚
自己。他会下床，穿过白宫，走到伍德罗·威尔逊总统的
画像前。触摸画像之后，他才能回到床上重新入睡。这看
上去好像约翰逊需要做出这个象征性的举动向自己确保自
己仍然还活着，没有瘫痪，死去的是威尔逊。瘫痪的象征
意义以及克服这种象征意义的需要明确显示了约翰逊的精
神状态。在面临权力即将丧失的境地时，他费力维持的脆
弱的精神平衡正在摇摆。没有权力意味着瘫痪、虚无和
死亡。

以牙还牙的原则

对于那些面临放权的领导者而言，还有一个因素让事
情更加复杂化，这个因素就是对报复的恐惧，这种恐惧可
能是有意识的，但更有可能是潜意识的。"以牙还牙"原则

来自早期的巴比伦法，规定罪犯应该受到与他们施加给受害人的伤害一样的惩罚。这种严格的报复，或者说"以眼还眼，以牙还牙"，在历史上曾是很多社会的法律。尽管现代社会找到了正义的其他形式来对伤害进行补偿，但古老的"以眼还眼，以牙还牙"的法则仍存在于集体和个人的潜意识中（费尼切尔，1945；雷克，1968）。这种潜意识的信念表现为内疚感和对报复的一般性的害怕，症状是一般性焦虑、压力、抑郁、噩梦、口误以及日常的报复性语言——"算账""扯平"等。

不管这一原则在领导者的潜意识中隐蔽得有多深，都会对其退位造成很大障碍。领导者有时需要做出一些令人不愉快的决策，可能会影响到他人的生活和幸福。领导者有时会不可避免地有意或无意地伤害到一些人。因为潜意识中相信报复，所以领导者往往会有偏执狂的表现也就不足为奇了。有一个例子就是"内疚支配"症（莱文森，1964）——高管们往往会尽可能回避或调停冲突，以避免激起他人的仇恨。领导者不得不随时担心会有人报复，因此权力对他们而言是一个保护性盾牌。因为一旦失去权力，以前伤害过的人可能就会进行报复，这让他们感到焦虑。

更糟糕的是，这种焦虑会让他们变得更加独断专行。对于报复这种偏执性的恐惧使得他们紧紧抓住手中的权力，甚至会提前采取一些措施击垮对手或想象中的对手，即便对方没有显示任何报复的迹象。

大厦情结

我们所有人都需要留下一笔遗产，这种需要加重了对空虚的恐惧及与之相伴的抑郁情绪。领导者普遍面临的当务之急就是其继任者是否可靠，是否会尊重他们创下的基业。可以说很多领导者都有"大厦情结"，担心自己的成就会遭到破坏，这更加使得他们不愿意放权。在一个更基本的层面上，留下什么东西以提醒大家记住他们，这等同于象征性地击退了死亡。让自己一直在场，不管是真正在场还是影响力在场，都是领导者在面临最终不得不放权之难的一种表达。

要退休的领导者，情感上受到强烈冲击，多年来可能第一次面临不确定的未来，此外还不得不放弃愿景和梦想，而这不仅是个人的动力更是整个机构背后的推动力。此外，领导者可能不得不见证这一愿景被新的领导者逐步抛弃，被新的领导者认为已经过气，未来已没有其立足之地。索南菲尔德（1986）认为这是一个危机点："一旦选定了新的领导者和新的梦想，离职的领导者就会有一种泄气感，因为他的使命已经通过团体的使命完成了……首席执行官会失去对自己梦想的个人所有权。作为公共财产，它（梦想）会受到批判、修正、调整，最终被整个机构抛弃。"（p326-p327）索南菲尔德写道，要退休的 CEO 面临的挑战就是"给那些因为领导者的存在而无法升迁的人提供未来的机会"（p324）。如果领导者能够怀着积极的态度回顾自己的职业生涯的话，那么这个挑战就会是积极的："对于晚期职业没有成就感的人来说，其人生目标中工作越重要退休就越痛苦。退休就象征着被迫失去梦想。同时，回顾自己的成就记录可以给人以满足感。关键是可达到的目标是否已将达到了。"（p313-p314）

如果做不到心甘情愿地接受，就很容易产生嫉妒和愤怒。退休的领导者"可能会对年青一代的'自私'、忘恩负义的社会以及衰老的过程感到愤怒，因为这些会威胁到一辈子的成就"（索南菲尔德，1986，p328）。在各种机构中，代际嫉妒——对下一代的嫉妒——非常普遍，资深经理会恶毒地报复年轻的管理人员。因为没能做到年轻的管理人员做到的成绩，他们会心怀怨恨，这可能会让他们给年轻人设立圈套和障碍以阻碍其职业发展。他们的策略往往很巧妙：表面上是要给新人充足的机会来证明自己，实际上会编造同样的借口来阻碍年轻人的进步。伴随管理权继承的往往会有一场大戏，这就说明了这些过程在起作用，尤其是存在可能的"继任者"的情况下。表面上继任者为了接任接受专门的培训，但因为激发了上级的嫉妒而没有好下场。西方石油公司的阿曼德·哈默、格雷斯公司的彼得·格雷斯以及哥伦比亚广播公司的威廉·帕列可能就怀有对下一代的嫉妒。

退休的过程

放权意味着：失去地位、认可、收入，身体上的衰老，精神上的压力，这些看上去都是非常负面的东西。机构的文化和社会压力常常会增强其消极意义。很明显，放权这一问题必须在个人和机构两个层面上加以解决。就这一点而言，众所周知机构往往会粗心大意。位于退休边缘的个人常常被放弃，是死是活全靠自己，机构不会提供任何帮助或做任何准备工作。通常人们会沉入痛苦、怨恨和抑郁，因为自己无能为力或不情愿面对现实并准备放手。

霍华德·莫顿（化名）是几个家喻户晓的公司的高管。他的退休经历反映了个人缺乏准备而导致的很多负面和破坏性作用。

当然我不想走。没有人会想走。说什么盼望退休，都是胡说八道，但是他们只是想尽力而为。

我57岁时他们就厚着脸皮向我提议提前退休。我起初以为这是在开玩笑，当我意识到并非如此时，我无法相信。一旦我明确说出自己的感受，他们就没再提这事儿。然后我60岁生日快到了，他们建议我重新考虑退休的事情。人力资源部的人已经花了长得令人吃惊的时间准备了一份《内部退休策略手册》，我记得他们把这本小册子递给我时就好像它是什么奖品一样。我当时马上就下决心我在这个位子上要能待多久就待多久。

我一点也不考虑退休的事情。到后来，我减少了出差的次数，但那是因为公司对很多业务进行了分散化管理，以前由我们处理的业务分配给了当地的分公司直接处理。我 65 岁的时候并没有感到自己比前 15 年更疲倦。有时我会感到孤立无援。几乎所有的同事都走了，我的部门和公司其他部门一样都是年轻人。他们看上去非常团结，我和他们没有什么关系。

CEO 很友好，我对他也很友好。我们是在 20 世纪 60 年代同时加入公司的。我们的妻子也是朋友，我们交往频繁。他在公司待到了 68 岁生日，然后就以顾问的身份一周来两次，持续了 15 个月。我假设自己也会这样做，至少，我当然不会认为 65 岁一切就结束了。但没有人提到顾问的事情，因此我就自己提了出来，当时他们丢下了一枚重磅炸弹——要解散这个部门。他们想做得漂亮。负责人力资源的副总裁说一旦我离开，这个部门也就没有存在的必要了，因为公司正在推行区域化政策，在海外开了更多分公司。但是给我的印象是他们认为我碍手碍脚。我看上去是唯一一个让他们感到意外的。我感觉遭到了背叛。

我知道我满怀怨恨。我开始生病，这在我生命中还是第一次，但是这无济于事。我浑身疼，虽然医生没有发现什么严重的问题，但我不得不做了一系列检查并且陷入了抑郁。他们提出来要给我开欢送会，我拒绝了，因为这看起来太虚伪了。谁在庆祝什么？我现在有一点后悔了，因为我在这个位置上待了25年多，但离开时并不开心。

那是三年前的事情，我现在感觉好多了。我已经停了抗抑郁药，去年完全是出于偶然，发现自己对园艺非常热爱。我们有一个大花园，但我几乎从来没有管过，都是雇人来打理。然后去年夏天他因为背疼休了几个星期的假，那段时间我接手了他的工作。现在我们真的把花园打理得非常出色。这实际上是一份全职工作。我妻子的情况也好了很多，我起初退休回到家中时情况非常糟糕。她是位艺术家，醉心于自己的事情，当然干她们这行的也没有退休这种事情。我退休时我认为她不明白我经历了什么。讽刺的是，就在我离开公司那一周，她举行了第一次个人画展。我们年龄一样大，她收到各种赞美，事业蒸蒸日上，而我感觉自己被推到了一边。我们谈论了这个问题，这样做绝非易事。上个月是我的68岁生日，她送给我一幅她画的油画，画的是花园中我最喜欢的部分。我不知道她什么时候画好的，这真是个莫大的惊喜。不知怎么回事，结局看上去很圆满。

　　霍华德·莫顿现在已经适应了这个问题，但是代价很高。他的性格在很大程度上有助于他解决问题，但是他的问题因为公司方面处理时的迟钝而加重了。尽管他们为处理好高管退休这一问题而付出的努力是好意的，但他们的工作远不够高效。让我们将莫顿和另外一位退休高管的相似经历进行一下比较。杰瑞·泰勒（化名）曾是一家大型跨国公司旗下一家运输公司的总经理：

　　我刚 60 岁多一点的时候，公司就被接管了，母公司开始插手我们公司的运营。不久我的老上司离开了，公司的气氛一夜之间都变了。因为这些变化我越来越不开心，经我建议公司同意我提前退休（尽管就提前 6 个月）。我的退休金没有受到影响，公司会给我支付薪水直到我 65 岁生日那天，此外还给我发了一笔不多的奖金。

　　我至少在三四年前就开始考虑退休的事情了。我知道我必须像精心构建我的事业一样去构建退休后的生活。我知道我需要一定的纪律性（比如说不睡懒觉!），还要尽可能提前做计划。我想做一些慈善工作，我把这件事安排到了离开公司的时候。在我结束所有工作 6 个月前我完成了所有细节。我上了几门关于退休后生活的课，有一门是地方政府组织的，还有一门是我自己付钱上的。公司没有提供任何咨询服务，但是我常常发现人事主管私下里也能帮到我。

随着退休的时间越来越近，我对此的感受基本上已经很正面了。我猜我对一些方面感到焦虑，但基本上我做得很理智，即使称不上百分百满腔热情。公司的态度起到了帮助作用，他们很高兴我一周有几天在家工作，而且并没有让我感到自己碍手碍脚或已经过气。我的责任轻了，对决策的参与也少了，但这并没有让我特别烦恼。我最烦的是无事可做，因此我做了很多准备性工作来规划我的生活。我准备好了怎样应对收入减少的问题，实际上大概一年前我们就搬进了一栋小一些的房子，因为我们原来住的房子开始需要大量维修。

我认识要接替我的人，虽然不太了解，但是足以知道他是个令人愉快的家伙。尽管我早就知道我离职时他有希望接替我的工作，但我们以前从未共事过。在退休前最后几个月，我带他到处走走看看，把他介绍给客户们，还做了一些交接工作。这没有带给我问题，就是正常要做的事情。

起初，我确实考虑接受另外一份工作，多少有些报酬。我打听了一下，跟几个人谈了谈。但是我的儿孙都在国外，我知道我们会经常跑来跑去，实在不适合做那种工作。我们一年至少有四个月在国外。当我们待在英国时，我的义工工作一般每周要占用两个上午的时间，除此之外有时还会有会议。我主要是为老年人工作，安排短途旅游，开车带他们去医院看病等。我还给当地一家收容所做会计工作。我的大部分朋友都退休了，因此我们可以经常见面。我阅读的时间更多了，也更享受阅读，我还经常去游泳和散步，每周至少去一次剧院或音乐会。自从我退休后我们还远游了两次，一次是去印度，18 个月后又环游了世界，这是我的妻子和我一直想做的。对我退休这件事，我的妻子和所有的家人都给了我很多积极的帮助。到后来，我们都很期盼退休的到来。

现在，五年过去了，坦白说我们很满意，生活得很充实。我遇到过很多人，他们感觉退休后失去了很多，但是我的情况不是这样。以前我确实不知道自己是否会感到怨恨，是否会感到失落或孤立无援。我认识的很多人都这样。

我现在要回去工作吗？我退休几年后老东家找到我，让我回去从事咨询工作。我受宠若惊，很开心，这确实意味着很多。但是办公室搬了家，离我很远……我不得不拒绝，这对我来说不是什么困难的决定。

最终，对我来说最重要的事情就是我很幸运而且还很坚决：幸运的是我发现很容易适应退休的想法以及退休这件事本身，坚信我能搞定。当然这一路走来我的妻子一直陪在身边，鼓励我把退休后的生活看作生命中一个新阶段的开始而非某种结束。

当然，并不是每个公司都会足够幸运拥有像泰勒一样有眼光又有办法的人，也不是每个需要放权的人都有时间或有意愿像他那样做准备。对于泰勒而言，退休是件大事，而且是件大好事。

在大部分公司里，退休计划主要被视为个人决定，管理部门几乎不会提供反馈或指导。考虑到领导者和高层管理人员的退休可能会给公司的士气带来的影响，这一目光短浅的政策很危险。但是，这可以反映出一个公司的哲学同样思路狭隘。出于几个原因，机构会在相对较早的年龄就想体面地把高层管理人员打发走。提前退休政策有很多用途：可以使机构保持年轻活力，在公司不景气时用来裁人，还可以省钱（毕竟雇员年纪越大薪水越高），也可以解雇表现糟糕的员工，并且可以清理雇佣通道给年轻人提供升迁机会。但是，提前退休也会造成经验丰富人员的短缺，这反过来对公司的士气和绩效可能会产生负面影响。机构不得不面临几个主要问题：对于经验丰富人员的价值和才能，怎样认可并充分利用；怎样预估和控制退休及裁员的精神和心理成本；怎样平衡高管的心理需求和公司的政策。为解决这些问题而开发的战略可以在很大程度上缓解放权的压力。

退休政策应该可以让高管在退休进入倒计时的同时就开始处理他们需要进行的调整。其中一个政策就是分阶段退休，个人可以控制自己的工作时间，使其逐步减少。分阶段退休对机构而言还有额外的好处，那就是鼓励经验丰富人员待在一个可以兼职的职位上，而且兼职时间越来越长。留住年长高管的成本比招聘、选择、培养和激励工作经验不太丰富的年轻人要低得多。出于同样原因，重新设计一份工作或重新进行培训可以激励年长员工，有助于让他们继续为公司贡献自己的价值。减少工作时间，在公司退休金、工作责任分担和在家工作方面分阶段进行，让放权成为一个逐步而平缓的过程，这有助于缓解突然离开工作可能会带来的打击。感觉自己仍被需要不仅可以增强信心，还可以让人对未来更乐观积极。公司如果能做到帮助员工适应退休这件事，那么就可以让他们有机会考虑工作之外的事情，提升他们退休后的生活质量。

如果因为要考虑面临的经济和社会现实从而使得这个计划看上去过于理想化的话，那么有必要记住，迟早我们都要面临这个问题以及随之而来的心理压力。明智而人性化的机构政策应该承认这一需要，机构文化中应该为此保留空间和时间。此外，同样重要的是，我们应该提防个人大权在握时阴暗的一面：让人与外界生活现实隔绝，缩减个人生活，容易歪曲来自领导及下属的回应，让领导者陷入孤立境地，过分依赖外部成功标志而非内心的稳定。我们应该承认这一需求，正如哈维-琼斯所言，"紧紧把握住……你自己"（1988，p227）。

第4章

死灵魂：
理解情感上的无知

我既不能活成榜样的样子，
也不会成为任何人的榜样；相反——
我必须做的就是按照我自己，
创造我自己的生活，不管结局如何。
在这一点上我不代表任何原则，
而代表更为精彩的东西——
我内心深处的、因为纯粹的生活而滚烫的东西，
它欢欣雀跃，欲喷薄而出。

——卢·安德鲁《莎乐美：生命的回顾》

杀死我吧，我什么也感觉不到。

——丹尼斯·库珀《嬉戏》

1956 年，威廉姆·怀特出版了《组织人》一书，这本书成为经典之作。书中对最典型的组织人的描述是苍白乏味、没有想象力而且害怕做决定，这跟与其对立的企业家和企业征服者大相径庭。他这种人我们在很多地方都能遇见，例如在辛克莱·刘易斯的小说《巴比特》中，同名主人公认为自己的生活方式"令人难以置信地机械"："机械的生意——忙碌地销售盖得很糟糕的房子。机械的宗教——一座乏味冷漠的教堂，远离街道上的真实生活，像一个大礼帽一样，值得尊重但又没有人情味。机械的高尔夫和宴会和桥梁和对话……机械的友谊——友好地拍拍背，互相开开玩笑，从来不敢尝试破坏这平静。"（1922，p323）

其他类似荒地上的居民分布在无数非虚构的研究中，包括艾里希·弗洛姆关于市场导向激增的推测，他保持的这种行为形式是现代生活的特点。弗洛姆的以市场为导向的人没有坚定的认同感，而且格外肤浅易变。他们的身份看起来是由别人期待他们扮演的角色所构成的。"市场导向"的前提是空虚，缺乏任何能够导致变化的具体特点，因为性格中任何坚持的特点可能会在某一天与市场的要求发生冲突（1947，p85）。

这种人格解体感、自动化感以及空虚感在艾伦·哈林顿的著作《水晶宫里的生活》（1958）中讲得很清楚。在"水晶宫"（哈林顿对大型机构的讽刺性比喻）中，每样东西都是乏味和机械的。生活是迟钝的，对话不过是为了避免沉默。每个人自动地完全接受机构的政策和程序。在哈林顿的书中，水晶宫变成了一个共同的剧院，在那里"服从"统治一切，所有的演员都可以互换，人们不敢让别人注意到自己。

迈克尔·麦可比在其著作《以诈取胜》中对"机构人"提出了一个更为微妙的观点，他认为"机构人"不过是很多种人中的一种。麦可比认为这样的人对于大公司来说是必不可少的，因为对公司的目标和理念的强烈认同会让公司更强大。但同时因为这类人对公司的高度依赖，麦可比对此也提出了警告："尽管公司人的工作往往可以强化对于公司和项目的负责态度，但是也可能会强化依赖的消极症状：对公司和权威的服从，对上级不理智的理想化，为了获得安全、舒适和奢侈往往会背叛自我。"（1976，p94）文化历史学家克里斯多夫·拉什对服从和依赖这一主题提出了附和性看法，他认为"公司呈现出综合性机构的

外观，其中个人身份的所有痕迹都消失了"（1978，p70）
这一事实加重了这一点。

所有这些描述都令人质疑怀特是否发现了他的"组织
人"身上的特定人格类型，或者他不过是使用这一人物作
为一种手段来讽刺组织生活。怀特的著作多年来吸引力一
直未减，其主题也很受欢迎，这说明他肯定触及了那些熟
悉机构生活的人心中那根敏感的弦。怀特有时可能会存在
刻板印象和过度简单化的问题，但是他的描述是有事实依
据的，他的作品影响力也很大。为什么这些服从和依赖的
模式会浮现出来呢？组织机构本身内部是否存在产生这种
行为的根源？机构对个人做了什么？在某些类型的机构中
是否会出现或潜藏某种类型的人格特征呢？可能这些问题
要分开来讨论。某些有特定人格类型的人是否会被某些类
型的机构所吸引？机构是否能被看作为某些有特定人格类
型的人提供了庇护所？

怀特留下了对他人心理的深层推测，但重要的是要继
续他没有完成的工作。考虑到他和其他人描述过的行为方
式的重要性（这些行为方式对机构的创造力和创新都会产

生负面影响），我想更深入地在述情障碍这一新近得到认可的临床症状背景下分析一下怀特的"组织人"。"述情障碍"一词来自希腊语，意为"不能表达情感"。

述情障碍的识别

哪种人可被认为是患有述情障碍？你有没有遇到过这位高管描述的这种人？

多年来我一直和一个机器人一起工作。要是有这样一位上司可以让我疯掉，就算是做同事也糟透了。有时候你哭笑不得，这样的例子有很多。他有一个儿子，比我的儿子大一两岁。这个孩子上了一所不错的学校。我说："你一定很为你的儿子骄傲。"他说："（要上那所学校）你必须有资格证书。"还有一次，我知道他去参加了一次聚会，一位知名的小提琴家也去了，这位小提琴家也是我的偶像之一。我问他是否见到了这位小提琴家，他说是的。我说："他怎么样？"——要知道我当时真的很激动，他说："个子很矮。"正如我所说的，你不知道该哭还是该笑。

"述情障碍"一词是彼得·西弗尼奥斯在 20 世纪 70 年代早期首次提出来的，他是波士顿一位精神病学家，主治精神压力过大的病人。他用这个词来形容一种状态，即病人找不到语言来描述情感，而是习惯性地使用动作来表达情感和避免冲突，他们专注于外部事件而非幻想或感觉，往往会烦琐而详细地描述事件的周围环境，而不会去描述他们自身对于事件的情感反应。他和一位同事在研究进行过程中将"述情障碍"视为一种交流障碍（内米亚和西弗尼奥斯，1970；内米亚，1977，1978）。

亨利·克里斯托，另一位独立工作的精神病学家，主治遭受创伤后状态折磨的病人，他也得出了同样的结论。他注意到患有述情障碍的人"无法区分两种感情"（1979，p17），但是"和色盲症患者一样，他们也意识到了自己的缺陷，并且学习寻找可以借以推断自己无法辨别的感情的线索"（1979，p18）。克里斯托注意到，感情上色盲的人特别适应现实，在工作中非常成功。但他还注意到，一旦"看透这种成功的表面现象，就会发现这种人枯燥乏味，想象力极度欠缺"（1979，p19）。克里斯托注意到述情障碍症患者的移情能力受损，他们的典型表现就是对待他人冷漠疏离。他们形成的关系中缺乏人情味儿，热爱的对象频繁更换。克里斯托的观察结果得到了其他人的支持，这些人据报道在治疗述情障碍症患者时感到乏味、厌倦和受挫（泰勒，1977）。精神病学、医学心理学以及心理治疗领域中的很多其他研究人员和临床医生也都识别出并确认了类似的行为（布朗特加和冯拉德，1977）。一位治疗述情障碍症患者的重要的临床医生乔伊斯·麦克杜格尔，她在述情障碍症中辨识出了高度的社会从众性，并用一些词来描述他们的行为，这些词是"假正常态"（1974）、"机器人"（1980a）和"标准路径"（1978）。她认为：

在感情受到困扰或者面对令人不安的情绪反应或念头时，他们不是进行某种形式的心理管理，而可能会毁掉烦恼的表现或感觉，以避免表达出来。结果可能就会是对外部现实的极度适应，对内部和外部压力的机械适应，这就使得虚拟的世界发生了短路。这种"假正常态"是一种很普遍的性格特征，也可能是一个危险信号，意味着可能会出现心理方面的症状。（1974，p444，原文有强调）

麦克杜格尔推测，这种行为源自一种特殊的抚养方式，即母亲往往会把孩子当作"药物"来使用（1974，1980b，1982a，1982b），而且很明显不考虑孩子的情感需求：

婴儿常常会给母亲发出信号表达需求和厌恶。而母亲一般通过这些信号和婴儿保持密切沟通，这样做的基础是母亲不受内心压力的影响。如果内心压力和焦虑使她无法正确观察到孩子的哭声、微笑和动作，她可能反而会将自己的意愿强加给这个想跟她沟通的小婴儿，从而不断使其感觉到挫折和生气。这种可能发生的事情可能会使得婴儿以自己可支配的手段形成极端的方式，以保护自己免受巨大感情风暴的袭击以及随之而来的疲累之苦。（1989，p26）

其他很多研究（例如克里斯托，1979，1982，1986；加尔多斯等，1984）都支持了麦克杜格尔的推测，即述情障碍的发病机理产生于 1 岁和 2 岁时。一些临床医师提出，这种母亲（及父亲）通过孩子来解决自己的冲突（常常是自恋性的），而孩子就会受困于一种失败的共生关系，在这种关系中极度的依赖受到了人为的拖延。孩子就像是母亲的延伸，而且处于她不断的监视之下；对待孩子身体的方式好像其是他人的财产。此外，父亲为了避免类似的命运可能甚至偷偷助长了这种情况，他害怕妻子那种好像能把人吞没的性格特点。这种母亲远远称不上是令人满意的母亲，相反她们会成为镇静的母亲。因此，孩子如果不一直跟她保持联系的话，就永远学不会怎样感到自如。孩子无法将"令人满意的母亲"内化，而如果成年后他或她将可以在没有外部持续刺激的条件下应付自如的话，这是一个必需的过程（费恩和克雷泽，1970）。用这种傲慢专横的态度对待孩子可以解释为母亲因为自身假定的缺陷而想达到某种形式的补偿。

因为母亲不愿意和孩子分离，所以孩子表现出来的任何探索欲望或任何形式的主动性都被扼杀在了摇篮里。因此可以预见的是，这样对待孩子对于其以后的人格发展有严重的影响。在述情障碍症患者中，区分和描述感情的能力从未得到过正常开发，无法识别感情反过来会阻碍高度复杂的感情矩阵的构建，而这是我们日常所依赖的，如果没有的话情感就会被认为是为危险的、可能无法控制的力量。述情障碍症患者会忽视他们的大脑和身体发出的压力信号。他们幻想的生活可能就会夸张、做作、不自然，他们就会与自己的精神世界失去联系。此外，因为早已适应了依赖的状态，他们可能会变得对外部刺激成瘾，以此赋予自己的世界以条理性，他们自己无法借助自身的象征性表现、幻想或梦想解决精神冲突。他们需要别人告诉他们感觉如何。在这些患者的这种情况下，与对于镜映的一般性人类趋势（在别人身上看到我们想在自己身上看到的东西）看上去是相反的。用麦克杜格尔的话来说就是，他们所感觉到的"会出现在与（他们）有关联的人身上。他们是（他们的）镜子"（1982a，p88）。他们试图"让外部世界中的替代品充当他们内部感情世界中缺乏或损坏的象征性的东西"（1974，p449）。但是，在麦克杜格尔看来，这种企图"注定会失败"，会"导致对外部世界和外在物体的无休止的重复和令人成瘾的依赖"（p449）。

通常，述情障碍症患者专注于具体客观之物，比喻、典故以及隐含意义的使用对他们来说是陌生的，这些东西他们学得也很慢。他们往往会否定感情的存在（冯拉德）。从心理学的角度来看，他们看上去几乎就是文盲，缺乏共情能力或自我意识，无法依靠行动来处理冲突（尼尔和桑迪弗，1982；莱塞，1983；泰勒，1984）。麦克杜格尔将他们的行为称为"行动成瘾"；与他们的日常工作或无数的其他活动（这些活动有时甚至无法使他们感兴趣）之间的一种像药一样的关系，潜意识中不想留下放松或空想的空间。这些人不断地去"做"而非"体验"（1989，p97）。因为具备否定感情的能力，有述情障碍倾向的人不会经历，也意识不到内心的冲突。他们的身体行为就像机器人一样，姿势僵硬，缺乏面部表情。外部的细节看上去被用来填充他们内部的僵死。他们从未得到允许体验自己的感情。受抚养方式的影响，他们的"真我"（温尼科特，1975）从未得到允许出现。

有些临床医生对述情障碍症的主要形式和次要形式进行了区分。主要的述情障碍被认为是一种特殊的性格特点，是遗传性神经心理缺陷（即由联合部缺陷导致的大脑左右半脑之间的分离，因而导致信息从内脏脑向位于皮质的语言中心传递时存在问题）。在次要述情障碍症的发展进程中，社会文化因素会起到重要作用。述情障碍的反应可能会在压力特别大的一件事或一系列事件之后或极端情况下产生。1946年，阿尔伯特·斯佩尔在斯潘道坐牢的第一年快要结束时，这样描述自己正在经历越来越严重的情感麻木：

今天下午我突然非常清楚地意识到，为适应监狱生活而进行的调整让我的感知能力正在萎缩。但是仅这一点使得忍受监狱生活成为可能。我表达得可能有些自相矛盾：感知能力的丧失导致忍受能力的增长，……我必须强迫我自己进行智力活动。……只给我留了一块最狭小和普通的地方。我把注意力集中在牢房的桌子上，凳子上，门上的橡木的痕迹上。我试图尽可能准确地把握这些东西并向我自己进行描述。第一次练习开始了——呃，什么？当然不是文字方面的活动，而是对我自己的观察能力的测试。（1976，p6）

斯佩尔继续采用这一近距离仔细观察的策略来打发 20 年的监禁，12 年后，他描述自己花了数小时来观察在监狱花园里找到的几根鹰羽的精确外形（1976，p325）。集中营的受害者和越战老兵们也体验了同样类型的感情麻痹（弗赖伯格，1977；什珀考，阿尔瓦雷斯及诺雷尔，1983；克里斯托，吉勒及西彻缇，1986）。

所有的研究都表明，作为一种沟通失调，述情障碍相对而言比较常见。但是和任何临床综合征一样，在大众中对其普遍程度的预测是在变化的。例如，一项在大学生中进行的研究表明，8.2%的男性和1.8%的女性可以确认为有述情障碍倾向（布兰卡德，阿里纳和帕米伊尔，1981），尽管在这项研究中使用的工具的效度和信度值得怀疑。但是无论述情障碍在大众中的具体比例是多少，对于述情障碍的病因学研究存在相当程度的混乱。它是性格特征还是一种情形——一种处理问题的具体行为模式？是为情绪劳动或压力必须付出的代价吗？能否既是性格特点也是状态（冯·拉德，1984；阿伦斯和德夫纳，1986）？这些都没有明确答案。

然而，根据对述情障碍患者的大量临床观察清楚地得知，他们在感情管理方面确实存在问题，这个问题属于个体层面或社会层面。述情障碍这种现象的存在强调了人类行为中感知情感能力的重要性，说明这种能力和看、听或闻的能力一样重要。

述情障碍并非一种"要么有要么全无"的现象。相反，很明显我们都有可能会不同程度地患上这种病。在一个认知—情感经历和表现的量表上，看上去每个人占据着不同的位置（马丁，菲尔和多布金，1984）。我们的述情障碍倾向对我们的认知和行动可能会有潜在的影响。述情障碍症患者和怀特的"组织人"二者的相似程度非常惊人。

"组织人"的述情障碍倾向

下面是一位心理医生（A）和一位公司高管（B）之间的面谈对话，我们看一下 B 的回答。

A：您是做什么工作的？

B：我在数据处理部门工作。

A：能谈谈您的工作吗？

B：我喜欢这个地方。我喜欢我的办公室，它很大……在一个拐角处，阳光充足。

A：您的同事们怎么样？

B：还行……我发现很难描述我对他们的真实感受。

A：您的升职前景如何？

B：我不知道。我的一位同事，原来是我的下属，刚刚升职做了部门主管。

A：这件事让您沮丧吗？毕竟他过去是您的下属。

B：不，是机会问题。

A：您和您的妻子关系如何？

B：还好。我们结婚十五年了。

A：你们两人之间出现过什么问题吗？

B：她出过一次轨。

A：那您是怎么处理的？您是否感觉受到了伤害？

B：我没什么感觉。她告诉我时，我说没什么……我认为这很疯狂，我指的是谈论感情这件事。谋生才是重要的。

A：您现在和您的妻子关系怎么样？

B：她有时会没来由地冲我尖叫。

A：您知道她为什么这么沮丧吗？

B：不知道。

A：你们有孩子吗？

B：有。

A：您能给我讲讲您的孩子吗？

B：我有一儿一女。他们都挺好的。

A：您感觉如何？

B：我胃疼有三年的时间了。现在疼得越来越厉害，但是我发现如果我保持某个姿势，疼痛就会减轻。我坚持到溃疡穿孔了。现在我在吃药，也注意饮食。

A：您在家时一般做什么？

B：我看电视。

A：您最近看过什么节目？

B：我不记得了。我一般很快就会忘掉情节。

A：您做梦吗？

B：不。

A：您曾经有过幻想或做过白日梦吗？

B：不记得有过。

A：您哭过吗？

B：没有。

A：您曾因为某事而激动吗？

B：没有。

A：来见我让您感觉焦虑吗？

B：我的老板告诉我可能会焦虑。

A：您现在在想什么？

B：我不知道……什么也没想。你希望我说什么？我发现很难描述我现在的感受……我不太擅长谈话。

很多年前一位精明的组织生活观察者写下了一些特征："形式主义的冷漠精神占据主导地位。'不怒不苦'（原文为拉丁语），既不会憎恨也没有激情，因此也就不会有喜爱或热情。不考虑个人情况直接接受工作，这种理念占据统治地位。每个人都服从于形式上的平等对待，也就是说每个人都处于同样的经验主义处境。这是理想的官员管理他的办公室的精神。"（韦伯，1947，p340）马克斯·韦伯对官僚的描述与上面患有述情障碍症的管理人员僵硬、无动于衷和无趣的行为、应答相似。他的回答显示，他几乎没有给感情留下什么空间，当问到他的感觉时，他往往倾向于依靠对外部事件的描述。和很多述情障碍症患者一样，他的行为看上去几乎是过于适应了。在最初留给我们的表现出色的印象背后，我们发现了想象力的贫瘠以及想法的单调。

大型组织机构对述情障碍症患者特别有吸引力，因为这些机构给想融入机构文化的个人提供了完美的机会。很多机构提供的环境会让在另外一种环境下显得奇怪的行为变为合理。这样做可以让述情障碍症患者情绪上得到放松，因为给他们提供了某种体系。这种体系有助于掩盖述情障碍症的行为，为述情障碍性格提供一个包容的环境（拜昂，1961）。此外，如上所述，如果我们认为次要述情障碍可能存在的话，我们就能看到某些类型的机构能让人麻木，会激发员工潜在的述情障碍倾向。

我们大部分人在管理圈都遇到过述情障碍症患者：西装革履，彬彬有礼，说话得体，他们的公司很快就会无聊得可怕；态度冰冷的人，对他人的兴趣很快就显示出是假的；绝不冒险的人最终在中庸的气氛中活动——中庸的想法、行为和结果。尽管很多类似的人给人的印象是他们表现自如，但他们表现出来的压力的症状（往往是长期隐藏、连他们自己也不知道的）显示并非如此，比如上文中提到的那位患有述情障碍症的高管的穿孔性胃溃疡。述情障碍症的行为不仅对于个人而言是破坏性的，也会给机构和不得不与其共事的人造成严重影响。述情障碍症患者往往非常成功，尤其是在大型机构中，稳扎稳打、说话得体、呆板乏味以及相对不引人注目，这些往往会给人带来回报。

很多机构喜欢呆板乏味的行为胜过特立独行和创新的行为，因为不冒风险的人也不会犯代价昂贵的错误。但是，雇用这样的人不仅可能会给其他高管提供完全错误的行为榜样，还会助长平庸，驱逐卓越。

有两种类型的结构看上去会培养述情障碍症行为：强迫型的和压抑型的。在早期的研究（德·弗里斯和米勒，1985，1986，1988）中我已经描述过这些类型（为了方便讨论，在这里大大简化了）。强迫型的机构官僚主义，倾向于向内聚焦，通常有严格的等级制度，个人的地位取决于职位。领导从上到下控制着整个机构，要求对规则和程序的严格服从。对程序化的、标准的例行操作奴隶般地服从是一种惯例。对于排除掉其他因素的狭隘的既定主旨存在战略性依赖。正式的规范、仪式性的评价程序以及对风险的规避，这一切使得任何形式的改变都是非常困难的主张。有些公司文化非常强大，规章制度严格齐备，例如施乐、飞利浦和菲亚特，这些公司显示出了这种机构类型的某些特征。但是，在这些特殊的例子中，机构的积极方面看上去仍然压过了消极的方面。

压抑型机构在很多方面类似，但是情况更糟糕。它经常没有方向感地随波逐流，又常被限制在过时的所谓成熟市场内。这类组织的生存依赖于贸易保护主义，其特征为极端的保守主义，一系列不明确的目标和战略，缺乏规划。这些机构官僚主义、墨守成规、僵化顽固。在这类机构中存在领导真空地带，缺乏动力和创新，态度被动消极。沟通和市场分析都做得很糟糕，因此会忽略市场的动态。这些机构的气氛没有人情味，普遍害怕进行决策，极度抵制变化。华特·迪士尼公司的创始人去世后，这家公司经历了一段类似的状态。华特·迪士尼去世后，他的管理团队看上去就像是瘫痪了。很多国有公司属于这一类型，尽管它们常常能够以这种状态存活相当长的时间，但这完全是政府保护的缘故。

这两种类型的机构为述情障碍性格的人提供了理想的掩盖，因为在这些机构中情感或情绪的表达不容易获得许可。因为这种公司文化非常强势，所以千万不要低估其对个人的影响。尽管其他机构可能也会对员工造成同样的效果，但都不像强迫型和压抑型机构那样特别令人麻木。

作为一种警告，应该注意的是很多机构，尤其是在服务行业，费了很大力气来控制员工的情绪。我们都已经适应了类似空乘人员、银行工作人员以及接线员那种没有意义的广播一样的话语——"祝您今天快乐""谢谢您致电××大饭店"——这些都是机构化行为的表征。控制管理人员的情绪和行为的能力常常被看作是一种竞争优势。像达美航空、国泰航空这样的航空公司以及迪士尼这样的娱乐公司已经在这方面做了很多工作。例如，迪士尼公司以维持良好的客户关系为荣，检查员如警察般监视着客户关系，确保不会出现沟通不畅的情况。每个员工都必须经历一个灌输教育的过程，精心制作的手册指出了在任何特定环境下公司认为合适的行为。这些公司要求员工在正确的时间显示出正确的情绪，不管他们当时的心情如何。有些人为了保持最低程度的真实自我并和自己的感觉保持联系，会抵制这种操纵；还有一些人更容易受到这种情绪控制的影响。真实和服从之间产生的紧张会对人的情感和心理健康产生影响。

在情感操控长期占据主导地位的机构中没有述情障碍特征的人怎么样呢？社会学家阿尼·罗素·霍赫希尔德在她的著作《情感整饰：人类情感的商业化》（1983）中担忧"员工会与自己的某一方面——身体或灵魂的边缘——变得

疏远"（p7）。她认为那些认同工作而且意识不到可能一个虚假的自我（温尼科特，1975）正在形成的人可能会在心理上精疲力竭。如果在一家集中管理员工情感的机构工作的话，即便是非述情障碍症患者也可能会承受情感上的麻木。他们可能会丧失把自我和机构要求他们扮演的角色区分开来的能力，会变得无法区分自己的情感和规定的情感，换句话说，他们自己会变成伪述情障碍症患者。

个体类型

更有甚者，述情障碍型行为可能会对机构产生严重影响，冷漠的 CEO 就是一个这样的例子。但是，我们没有必要去公司的高层中寻找这种类型的行为，某些种类的工作非常适合述情障碍症患者。有两种类型的人（一种我称为"系统人"，另外一种称为"社交传感器"）显示出的一种行为可以在精神分裂症患者身上观察到（凯茨·德·弗里斯，1980b）。

冷漠的 CEO

有时高管们在处理情感时也会遇到很大困难。为了保护自己不陷入情感旋涡，这些人发展出了一种冷漠的做法。但是，他们情感上的冷漠会给机构带来很大影响。一位高管不得不成为下属的情感容器，更不用说给机构提供方向感了。就这一点而言，一位好的管理者有点像精神病学社会工作者。优秀的管理者会每天把握公司的情感脉搏，因为了解下属关注的焦点是调动他们积极性的关键要素。如果不能或不愿意对下属的依赖需求做出反应的话，可能会造成困惑、怨恨或攻击（凯茨·德·弗里斯和米勒，1985，1986，1988）。高度政治化的机构文化可能会让员工不再关注手头的工作，转而集中精力去保护自己的地盘，创造出敌对和不合作的小领地，为信息的自由流通树立障碍。因此在这样的机构文化中，重点是指向内部和自我的，这也就不足为奇了。在这种机构中经常可以看到一种优柔寡断、混日子的策略，其方向取决于哪一派系获得了 CEO 的信任。

在一个机构中，对 CEO 的描述是"生活在广袤高地上的雪人，偶尔在寒冷的地方可以见到"。这个人非常孤独，在与他人单独相遇时感到很不舒服，看上去笨拙呆板，毫无幽默感。这种类型的人如果只影响到自己的话，那么无关紧要，但不幸的是他经营着一家大公司。他对公司的日常运转很冷漠，这严重影响到了公司文化和政策制定过程。就连他的核心管理人员也不确定他对他们有何期望，因此他们就退回自己的领地开始建造个人帝国。结果就会导致缺乏合作，局部优化，内部冲突加剧以及战略上的前后矛盾，这些因素严重影响到了公司的利润。

系统人

对于很多存在由述情障碍症引起的沟通障碍的人而言，技术革命起到了极大的推动作用。个人与他人存在的沟通问题被与机器的成功互动掩盖了。系统人就像机器人一样，坚持固定程序，避免与人发生联系。他或她的方向是由电脑终端设定的，同时也提供了他们需要的刺激。以系统为导向的机构提供的那种僵化环境对于述情障碍症患者而言非常完美，他们可以投身于以具体事务为导向的工作，将注意力放在抽象概念、任务、观点和静止的物体上。他们对机器的依恋是对付内心世界贫乏的一种方式。上文中提到的心理医生和高管的谈话就揭示了这种人的精神状态。尽管很多述情障碍症患者在这些环境中会表现得非常好，但是他们常常不假思索而固执地遵守程序，这意味着好奇心和创造力的缺失。他们可能无法充分适应环境变化，这种缺陷可能会给机构带来毁灭性影响。

社交传感器

很难描述他在场时的气氛。他就像一个大人，拧开了幼儿园的灯，所有之前一直像施了魔法一样东奔西跑的玩具马上固定到原地，再次变成了玩具。你会在新进这个部门的人身上看到这个效果。他们一开始会说他多有魅力，然后过一会儿就开始不安和慌张。了解他的过程就像在沙子上挖一个洞。你一直希望自己能挖到什么东西，但是越往下挖你越会发现除了沙子还是沙子。然后周围的沙子塌掉了，把你的工作都毁了。他看上去对人很感兴趣，总是在问问题，总是在大笑。不久你就会意识到那些问题是他拒人千里之外的手段；他对每件事都大笑是因为不确定这件事情是否可笑，因为他天生没有幽默感。

上面访谈中那位高管说的话显示了社交传感器创造的一种氛围。社交传感器在很多方面都是变色龙，很容易接收到外部世界的信号并随之调整自己的行为。可以预见，社交传感器非常适合服务行业，因为服务行业对情感有规范性要求。但是，尽管他们付出了这么多努力，尽管他们有这种表面的适应能力，但他们的行为缺乏坚定信念。尽管他们给人留下的第一印象可能是完全正常而且适应能力超级强大，但是在这一外表之下你很快就会发现令人绝望的肤浅和缺乏真正的热情。他们唯一不变的特征就是易变，因此他们的真实性是虚假的。他们虚假的真实和顺从只有一个目标，那就是避免处理情感。外在适应性的实质其实是对周围人的情感和反应的迟钝。外向性的面具是对内心世界空虚的掩盖，这不利于他们的创造力和洞察力。

简·洛厄尔（化名）是一家航空公司的航班主管，很多年来她一直是模范员工——精力充沛、工作勤奋、效率极高，是其他员工的榜样。她总是很容易收到乘客和同事发给她的信号。不幸的是，这种接收机制看上去出了问题，她在工作中开始出现失误。有对她迟到的投诉，有人投诉她没有对顾客做出答复，还有人看到她发呆。在面对这些批评时，洛厄尔解释说她最近身体出了很多问题，长期困扰她的过敏和胃肠道紊乱比以前更严重了。她所在航空公司的人力资源部门感到她的问题不止是健康原因，因此建议她去看治疗师。

在洛厄尔和治疗师讨论期间，她开始意识到她的身体不再与她的习惯性行为一致，身体健康糟糕这种感觉已经开始代替情感上的经历。身体那种生动的、反抗的感觉比工作中被规定好的情感交流更能让她感觉到活力。治疗师帮助洛厄尔意识到了她在察觉自己的情感方面存在的困难。在很多方面，航空公司的工作非常适合她，因为她对情感的管理反应良好，能够避免因为自己的情感而需要承担的责任。航空公司的手册和培训课程已经教会了她在某些场合下怎样做出反应。但是她为这种安全感付出的代价太高了。洛厄尔意识到，时间一长，她对自己情感的内心困惑已经越来越重。这导致了这种关系的破裂，而且使得她没有能力形成新的关系。

在处理不得不面对的这些问题时，她开始审视她的母亲扮演的角色。她出生后不久父亲就抛弃了母亲，她的母亲把自己所有紧张不安的能量都倾注到了她这个小婴儿身上。洛厄尔小时候，她的母亲从未给过她太多心灵空间。她的母亲看上去总是能控制她的感情、思想和梦想，就好像航空公司后来所做的那样。她身体状况的崩溃虽然是一个简单的、非言语的选择，却是洛厄尔唯一坚持自己主张、让自己感觉还活着的方式。她青春期的厌食症现在看来也更好理解了：她拒绝进食其实是在倔强地试图建立自己的身份。

在治疗师的帮助下，洛厄尔越来越善于识别自己的情感。就像一个学习给事物命名的孩子一样，她慢慢地开始能够确认哪种情感属于哪种场合。当她对于独立行事感到有信心后，她决定离开航空公司，因为她认为明智的做法是找到一份这样的工作：既不会受制于被控制的情感，也不会冒风险激活自己的基本行为模式。

寻找解决办法

有些高管有述情障碍性格或易受其影响，不管是主要的还是次要的，这并不意味着这种情况是无法改变的。但是，打破没有情感的恶性循环绝非易事，而且不幸的是，对这种情况没有什么快捷的补救办法。如果渴望改变，如果渴望使机构生活充满活力，需要持续不断的努力。

从机构的前景来看，可以在对结构进行安排时考虑到鼓励创新和参与。为了培养此类行为，还需要赋予雇用、培训和发展的实践过程以创造力，这反过来会避免机构没什么新创意。机构的系统和文化中应该有足够的弹性以不断适应和发展。

从个人的角度来看，榜样变得非常重要。商业世界最大的英雄就是那些勇于行动的人——杰克·韦尔奇，理查德·布兰森，史蒂夫·乔布斯，拉里·埃里森，这些人"胸中燃着一把火"，不害怕情感的自然流露。但是很多情况下，"高管"的同义词就是"穿灰色法兰绒西装的人"。自然流露的情感因为其破坏性而为人所惧，一般而言，古怪的行为不利于登上高管职位。个人需要看到，在他们的机构中为勇敢的行动、跳跃的想象力、激情以及愿景留出了空间。在这方面每位高管和机构本身都负有责任。个人要进行创新，采取预防措施。在这一点上，怀特更彻底，他赞成公开挑战的态度：

组织人的行动并没有受制于巨大的社会力量，他也不是什么都做不了；选择就在那里，只要有智慧和远见，他就能够让自己的未来远离困扰我们头脑的没有人性的集体……他必须向机构开战。因为合作的缺陷比个人自尊感的缺陷更受尊敬，这既不愚蠢也不自私。但是他必须战斗，因为让他投降的需求持续而强大；他越喜欢机构生活，就会越难抵抗这些要求，或者甚至意识不到这些要求。在他面前建议他设想他和社会之间不需要存在冲突，这样做会让他苦恼和沮丧。冲突一直存在，冲突必须存在。（1956，p404）

我们不必开始煽动革命。但是，要创造高效的机构，必须努力帮助高管承认自己的情感并且锻炼他们自我观察的能力。很多高管常常会不加考虑地借行动加以逃避，对这种倾向要严加监控。高管必须发现或重新发现玩的能力、学习使用幽默的能力以及怎样建设性地异想天开。愿景和真正的适应都来自这些能力。高管应该能够面对自己的情感，不进入虚构的情感平衡的牢笼，而这部分是由他们造成的。他们不应该把精力放在掩盖真实的自我上面，而是应该在行动中表现出真实。他们应该努力克服幼稚的依恋和目标。为了做到这些，必须鼓励有创造力的体验和想象力的产生，即便这种想象有时不得不以直接的方式进行，这样两者就是自相矛盾的。这一任务不仅是治疗师、教练和咨询人员的职责范围。机构领导在促成此类行为方面可以发挥重要作用。更重要的是，领导者可以通过自己流露情感这种方式指出，情感的表达是可以接受的。毕竟，赋予机构生活以意义的是激情。机构领导者还应该鼓励情感表达上的多样性，不要仅局限于规定的惯例。高管必须要体会到，在商业背景中表达情感不会对职业有负面影响，要为意见相左、进行批评和接受批评留出空间，为想象力留出空间。他们应该记住诗人 W. B. 叶芝的诗："逻辑和道理让我们死掉，想象力让我们存活。"

第 5 章

自大狂和傻瓜：
幽默可以平衡权力

能让智者丧命的话，
由小丑说出来却有趣得令人吃惊。

——伊拉斯谟《愚人颂》

你认为人们用来愚弄自己的东西不如他们明智对待的东西真实吗？

前者更真实：它们是唯一真实的东西。

——萧伯纳《康蒂妲》

在埃斯库罗斯的戏剧《波斯人》中，大流士的鬼魂，赛瑟斯的父亲，波斯之王，这样哀叹波斯人在萨拉米斯的惨败：

现在啊，一大祸患降临到了我的人民身上。我的儿子糊里糊涂地，凭着方刚的血气闹出了乱子。他想用镣铐把赫勒海峡的圣洁潮汐当一个奴隶锁起来，因此创出了一种新奇的水道：他把铁制的巨链抛过对岸，为他的大军筑成了一道长桥。他原是一个凡人，却妄想征服海神，征服一切的天神。这岂不是我的儿子发疯了？

当赛瑟斯第一次想率军跨过达达尼尔海峡时，暴风雨阻止了他，他以鞭打海作为惩罚。但正如大流士所讲，神在很久以前就下过旨意：波斯人只能在陆地上获得名望。赛瑟斯违反了神的旨意——这是一种傲慢自大的行为——最终遭遇不测。公元前 479 年的 9 月 29 日，赛瑟斯为攻打希腊人发起了一场海战，结果波斯人大败。玛多尼乌斯，他的姐夫兼将军，在希腊城市塞萨利被自己的军队切断了供给，孤立无援。在随后的一场战役中，玛多尼乌斯被杀，导致了占领军的撤退。

并非所有狂妄自大的行为都会导致这样的戏剧性结局——这些行为不会都演变成和神的宇宙级对抗。但是，如果一位领导者过于自信、极度骄傲和傲慢，常常会给组织带来类似的毁灭性后果。1991 年 4 月 23 日，杰拉尔德·拉特纳，英国最大的连锁珠宝零售店的董事长，在伦敦英国董事协会的年度会议上发表了一场有点儿好笑的演讲。他的基本主题是"要小心守护一家公司度过经济衰退期"。他把自己公司的成功归因于这一方法以及咄咄逼人的营销、无情击败竞争对手以及密切关注利润空间。不幸的是，他用了几个关于拉特纳连锁店售卖的珠宝和其他礼物的笑话来调节气氛。他说："我们……生产雕花玻璃雪莉酒酒瓶连同 6 个玻璃杯，放在镀银盘子上，由您的男管家给您端上来，这些一共 4.95 英镑。人们说：'你怎么能卖得这么便宜？'我说，因为这都是垃圾。"他之前开过好几次类似的玩笑，听众们都没当回事，没有一个人联想到拉特纳的产品线中价格和质量的相对价值。但不幸的是，英国媒体对这次会议和演讲进行了广泛报道。很多金融分析家预言拉特纳的股票会上涨，因此他们对这位董事长对拉特纳公司的讽刺感到不悦。但是，与英国媒体（尤其是小报）第二天的报道所激发的愤怒相比，他们的反应几乎不值一提。

在接下来的几周时间里，拉特纳公司全国各地的经理们使出浑身解数，试图在各地销售点的宣传和促销中刻意"利用"他们的董事长那些不明智的话，以将其负面影响降至最低。毕竟，恬不知耻的粗话曾是拉特纳成功的基调。这位董事长说的都是他的顾客们已经知道的，这家公司的产品线和促销手段都毫无品位。任何一个人可能都已经看到了这位董事长的个人风格与其商店的形象没有任何关系。他在梅菲尔区（伦敦的上流住宅区）有一栋别墅，在伦敦郊外的河畔有一栋房子，开的是梅赛德斯-奔驰，还有一辆配了司机的宾利。他的衣服都是在萨维尔街（世界最顶级手工西服缝制圣地）定做的，他戴着一块卡地亚表，除此之外没有戴婚戒或其他珠宝。拉特纳商店遍布英国每个主要街道，被它的橱窗里吱吱作响的荧光灯促销广告吸引而来的顾客对于公司的价值观及其董事长的价值观之间那巨大的差距可能不会厌恶，即便他们已经知道了这一点。拉特纳给了他们想要的——价廉物美的珠宝。激起人愤恨并让人们集体不再光顾他的商店的是——他对产品的轻视意味着对顾客的轻视。杰拉尔德·拉特纳曾依靠这些产品赚了大钱，现在却决定通过嘲笑这些产品来换取几声廉价的笑声，结果造成了破坏性后果。没有人想看到董事长干蠢事或愚弄顾客。

拉特纳的演讲就是一种狂妄自大、过于自信的行为。他自己也承认这是他成功的关键："不管我们是否能预测正确，伦敦的市场对我的财产不会有什么影响，但是对我的自我意识和自尊有很大影响。这其实是一个词：自我。"（鲍迪奇，1992，p23）他的自负、炫耀和幽默，这些都是他成功的因素，但是让他走过了头。这次不明智的演讲，加上越来越严重的经济衰退以及一些昂贵的并购行为，让拉特纳公司一蹶不振。在1991年4月到1992年1月的9个月时间内，这家公司的市值从4.6亿英镑跌到了0.54亿英镑。从1991年4月到1992年1月的6个月的时间里，这家公司损失了0.307亿英镑。当时，拉特纳已经从董事长的位子上退了下来，仅担任CEO的职务。但是，到1992年10月的时候，有评论人员坚持认为只要拉特纳交出他在公司中持有的管理人员股份，公司保证可以恢复。愤怒的股东们要求拉特纳受到惩罚，称其 50 多万英镑的薪水为"天理难容"。最后，在 1992 年 11 月 25 日，拉特纳从公司辞职了，他说："针对我的持续负面报道让我相信这一决定是为了公司及其全体员工的利益。"（沃勒，1992，p21）《伦敦时报》在头条刊登了他辞职的新闻，题目是"杰拉尔德的小珠宝玩笑开过了头"（沃勒，1992，p21）。18 个月以后，英国董事协会仍认为是他这次演讲导致了公司的急剧衰退以及他个人的失败。

在领导力的问题上，狂妄自大是一个反复出现的主题。原因很明显：过分的骄傲和傲慢常常伴随着权力而来。考虑到领导者及其下属之间不平等的关系，很多领导者认为他们理所应当可以违反为那些职位低下的人而设的规则。问题是如何让他们注意到狂妄自大的危险信号，防止他们只看到自己想看到的——下属对他们的理想化加强了这一过程。能不能创造一种可以与领导/下属关系中固有的倒退性力量相抗衡的权力呢？如果可以的话，在机构中如何使其运行呢？

我想提个建议，要对抗这些问题，有效的工具就是对一种古老的角色（即傻瓜）进行现代化解读。从传统意义上讲，"傻圣"（傻瓜圣人）扮演的角色是领导者和下属之间的调停者，传递深层信息（即不能直接观察到的），有意或无意地找出事情的基本意义（格尔茨，1973，1983；威尔福德，1969；凯茨·德·弗里斯和米勒，1987）。以这种方式看待机构中的角色的话，我们可以看到拉特纳的错误在于超出了角色；不管他喜欢与否，分配给他的角色就是智者，应该抵制住扮演小丑的诱惑。他可能是英国唯一一个将拉特纳公司的产品称为"垃圾"、未能全身而退的人。本章开头处引用的伊拉斯谟的格言不仅仅是句格言。《愚人颂》研究了傻瓜和领导者之间的传统关系，以及这种关系在限制狂妄自大的影响方面的价值。

狂妄自大的危险

狂妄自大是不可控的自恋的可预测衍生物。自恋是获取领导职位和权力背后的关键动力，一旦获得这两样东西，自恋就会变得显著。然后我们就会看到，正如弗洛伊德所指出的，一位领导者"除了自己谁也不爱，……专横傲慢，绝对自恋，自信和独立"（［1921］1953c，p123-p124）。这样的领导可能很容易退回自己的世界，目光短浅，固执己见，不会征求和采纳别人的意见。在许多情况下，他们创造自己的现实，对这样做可能导致的负面后果视而不见。正如我在上文中所提到过的，这样一种情况可能会因为领导者和下属之间的关系而更加恶化，因为这种关系并非总是理性的。有时双方都会退化，这就会导致不恰当行为的出现。让渡模式是下属对领导者理想化和镜映的途径，看上去是这些退化过程的关键，在退化过程中，真正的人和现实不见了。

很少有人能够不经历导致狂妄自大的那些原始的防御过程而能够面对现实。通常人们可能会患上二联性精神病或成为群体思维的受害者（凯茨·德·弗里斯，1989；贾妮斯和曼恩，1977），或者做出不理智的决策。和上述在治疗的情况一样，这种情况可能需要外在帮助以识别对现实的扭曲。

傻瓜的角色

从历史的角度来看，傻瓜在和领导者（通常是皇帝或国王）的关系中扮演的是稳定者的角色。当然在这里我指的不是愚蠢或缺乏判断力的人，恰恰相反，我所说的傻瓜是作为一个讲真话的人的转换型角色。在这种关系下，领导者和傻瓜的命运变得错综复杂，并且面临共同的命运。傻瓜会创造某种情感气氛，通过各种手段提醒领导者权力是变化无常的。他成为现实的守护者，然后通过一种自相矛盾的方式，阻止追求愚蠢的行为。有趣的是要注意到法国的讽刺作家拉伯雷在弗朗西斯一世法庭上给特里布莱这个著名的傻瓜起了个名字，叫作 morosophe（利弗，1983，p181）。这个词是个有趣的组合：在希腊语中 moros 的意思是"傻子"，而 sophe 的意思是"明智的或聪明的"。

傻瓜被普遍认为是一种社会类型。我们都遇到过傻瓜，有时我们自己也会扮演傻瓜的角色。此外，我们还从人类学、神话、民间传说、文学作品以及戏剧中了解到傻瓜还有很多别称，例如骗子、弄臣、小丑、喜剧演员、丑角、走江湖的丑角。在对非洲、亚洲、大洋洲、北美、中美洲以及南美的社会研究中可以找到对典型傻瓜的详尽人类学描述（斯图尔德，1931；邦泽尔，1932；查尔斯，1945；雷丁，[1956] 1969；马卡留斯，1969，1970，1973）。骗子天生具有神秘的洞察力和预言能力。他（傻瓜通常是男性）

既是失败者也是狂热的英雄，对人们来说是一面镜子；通过把无法解释的事情和熟悉的事情连接起来，小丑可以把混乱变成井然有序。荣格将骗子描述为"原始的'宇宙人'，有神圣的动物性，一方面因为其超出常人的特点而优于人类，另外一面又因为不理性和无意识而不如人类"（［1959］1969，p144）。当我们对不同文化中这个虚构人物进行对比时，我们会发现"骗子"成为人类社会的一个符号，戏仿的是人类的驱动力、需求和弱点，以及掺杂了愚蠢的狡猾，既有趣又让人恐惧。人类学研究表明，我们把自己的弱点、理念和恐惧投射到了骗子身上，因此其在很多社会中都起着重要作用。韦尔斯福德甚至将傻瓜称为"教育者"，"因为他诱发了观众潜在的愚蠢"（1935，p28）。通过设定傻瓜这样一个反面的角色，真正的价值和正当的行为得到了强化。

除了傻瓜在人类学上的影响范围，这一角色还曾经以小丑、逗乐小丑、宫廷弄臣等职业而被制度化（斯温，1932；韦尔斯福德，1935；克利浦，1972；利弗，1983）。弄臣享有特权，因为在装疯卖傻（这说明他不会伤害到别人）的掩盖之下，别人不能说的话他可以反复说。他使用各种手段来传递信息，包括愚拙、夸张、心不在焉、掩饰、哑剧以及拙劣的表演（伯格森，1928）。他曾被称为活生生的讽刺画（克里斯，1938）。当然，至于国王，小丑传统的道具——帽子、铃铛以及手杖上的气囊是对国王的王冠和权杖的直接嘲笑。毕竟，小丑知道怎样运用幽默，这既是他的武器也是他的盾牌：

杰奎斯：我的大人，难道这不是个罕见的家伙吗？他什么都擅长，却是个傻瓜！

公爵：他把愚蠢当作伪装，在这伪装之下他的智慧生根发芽。

[莎士比亚，《皆大欢喜》，第 5 幕第 4 场]（1952，pXIV）.

莎士比亚的悲剧《李尔王》中的骗子最生动地阐释了骗子的转化性作用。尽管这个骗子表面上看起来是个愚笨的男孩，但他是国王身边唯一一个拥有智慧和勇气、能识别真相并讲出来的人。在分析剧作中的骗子形象时，重要的是要记住这样一个矛盾的人物对作家而言非常有用。可以反复利用傻瓜来说明情节的情感动力。《李尔王》中的傻瓜角色复杂而独特，他对于戏剧而言非常重要。缪尔是这样解释的："他为观众提供的喜剧性调剂并不太多。如果批判性地来看的话，李尔的行为很荒谬；疯狂愚蠢的行为更容易激发一阵阵大笑而非同情。因此傻瓜的出场就是要引发观众的大笑，这样可以维持李尔的尊严。"（1952，pXIV）

我想说的是领导者的权力需要傻瓜的愚蠢。两者之间的互动使得彼此以及机构本身处于一种精神上的平衡。这两个角色不可能由同一个人扮演，拉特纳在演讲中灾难性的失态说明了这一点。他尝试——尽管这尝试稍纵即逝——自己既扮演小丑又扮演国王。结果就是他成了别人的笑料，毁掉了自己高尚的气质（或者说身为领导者的地位），同时也毁掉了公司的信誉。国王—小丑关系的二元性强调了权力的本性是虚伪。往往只有"傻圣"一个人可以让国王免于狂妄自大。在更为一般的领导者病理学背景下，傻瓜有很重要的角色要扮演。通过展示所做决定的愚蠢（因为短见），傻瓜可以帮助领导者保持牢固的现实基础。

幽默的使用

　　幽默在一家机构中的用处之大，怎样强调也不为过，而且幽默对于促进机构的健康活力也非常有用。幽默是一种形式的元信息传递（贝特森，1953）——也就是说，幽默传达的东西比马上显现出来的要多。对于处理冲突、防止紧张局面的爆发，幽默是一种温和的方式。在其他情况下，对于那些拒绝承认或接受现实的人来说，幽默可能是一个强有力的武器。幽默让人谦卑，有助于形成一种分寸感，防止我们把自己看得太重。幽默有助于提升洞察力，同样有助于改变。幽默还可以用作安全阀，控制领导力中可能会造成破坏的方面。

　　幽默就像一个摄影时的辅助照明工具，可以照亮狂妄的迹象。幽默同时也是一种接近禁忌主题的隐蔽方式。幽默可以让紧张的气氛变得令人愉悦。大家一起大笑有助于团队的凝聚力，促进团队的友好关系（罗伊，1960；邓肯，1982）。幽默有助于拉近领导者和下属之间的距离。此外，幽默还可以看作是心理健康的信号："当我看到我真正关心的一位病人，怀疑他很大可能是个潜在的偏执狂，但当我看到一丝幽默的能力时，我总是感觉到安心，因为这对于个体来说意味着足够的安全，可以意识到自我的相对性及对其他自我的认可。"（科胡特，1985，p239）精神病学家乔治·E. 瓦利恩特说，"幽默是人的全部才能中真正优雅的防御工具之一。几乎没有人会否认幽默的能力，和希望一样，它对潘多拉盒子中的灾难而言是最有效的解药之一"（1977，p116）。

借助幽默，傻瓜可以做到其他人想不到的事情，进入禁地，对领导及其下属进行讽刺。他们为最基本的反社会情感提供了出口，通过创建荒谬的场景，明确有力地表达出了其他人的恐惧和焦虑。他们的目标或者说是观众，通过傻瓜对其潜意识愿望的替代性喜悦经历了一种轻松感。与违反禁忌相伴随的自我贬低使得傻瓜的行为不那么有威胁性，也更容易被接受。很难让傻瓜为自己的行为负责，因为傻瓜看上去对责怪免疫。有些事情被开玩笑地说出来不像普通交流时显得那么沉重。因此，傻瓜在传递信息时可以冒更大的风险。

他们的行为和行动说明，不管有意识或无意识，傻瓜知道弱者的权力。他们知道幽默的自我贬低可以让其他人感觉更好些。傻瓜的滑稽动作使得我们能够放下我们对他们的蔑视，这样做的话可以让我们感觉自己很正直（和这样的人相比）。但是，尽管幽默作为一种策略（同时也是武器和防卫工具）其力量独一无二，但傻瓜并非坚不可摧。他们时常会冒成为替罪羊的风险，以及代表必须被驱逐的邪恶力量的风险。这样的危险对于傻瓜来说常常是一种职业上的危害。

人类学家 A. R. 拉德克利夫-布朗认为戏谑关系是处理社会中潜在冲突的一种方式："戏谑关系是友好和敌意的一种奇特组合。这种行为放在其他任何社交背景下都会传达敌意或激起敌意，但是它并不是认真的，也一定不能当真。它是假敌意真友好。换句话说，这种关系是一种得到允许的不敬。"（1952，p90）弗洛伊德（[1905] 1953f）得出的结论是类似的。他注意到人们把幽默用作一种在社交上可以接受的方式，用于释放由焦虑引发的攻击和性别中隐藏的愿望。尤其是幽默考虑到了攻击和报复性情感的表达，而这些情感若换种方式表达的话是不可接受的（莱文，1961）。笑声也可以掩盖很多其他情感，例如悲哀、绝望、恐惧、悔恨、欢欣和仇恨。

弗洛伊德还写道，"幽默不是顺从而是反抗"（［1927］
1953d，p103）。玩笑经常被用来报复权威人物。傻瓜是无
政府主义者，幽默的使用使得对于规则的破坏不那么令人
讨厌（戈夫曼，1967）。但是，这是一种温顺而隐蔽的反
抗，一种非暴力抵抗（伯格勒，1937）。自相矛盾的是，尽
管幽默的源头是反抗，但是还可以成为安全阀门，一种用
来管理和控制社交的手段（莱文，1961；伯莱因，1964）。
看待傻瓜行为的一种方式是：他们实际上在设定能获得许
可的界限，尽管对于已建立的秩序他们是持嘲笑态度的。
他们的行为意味着与日常惯例的决裂，而这种决裂不过是
暂时的。正如社会学家霍华德·波里奥和约翰·埃杰利在
他们对幽默的研究中指出："这是个与道德家背道而驰的角
色，傻瓜扮演的是一种控制机制，看上去是在强调他无法
做到的事情，实际上是在强调他违反的东西。把人分为非
傻瓜或傻瓜，实际上是给这个人施加社会压力，让他遵守
一种社会价值。"（1976，p216，原文有强调）

组织的傻瓜

如果我们承认傻瓜对于社会生活的健康运转发挥着不

可或缺的作用，那么我们就不得不问这种作用是否能称为组织生活的一部分，因为组织生活代表的是人类社会的缩影。在组织生活中有很多方式可以进行相互制衡，以防止权力的滥用。这些制衡手段可以以规章制度的形式成为组织的基础结构的组成部分。此外，权力可以在内部和外部的一众支持者间进行分配。但是尽管可以采用各种结构性的防护措施，事实是大部分组织根本不民主。很多重要决策都是由几个人秘密做出的。组织需要帮助来防止权力的滥用，来限制罔顾现实的决策。那么就需要一个勇敢的人来扮演一个角色，愿意挑战领导者，提出不同观点，不受任何阿谀奉承的影响。我想把这个人称为"组织型傻瓜"。但是，对于这个人的保护需要更加微妙，而不是像传统的小丑一样有小丑帽、摇铃和手杖上的囊袋就够了，当今社会的傻瓜要融入组织生活更成问题。

"傻圣"或讲真话的人在告诉国王令人不愉快的事实时是在玩火，同样在组织中指出幕后动机也是有风险的（马龙，1980）。众所周知，在组织内部很难实现开放式交流，即便出发点是好的。通常，公司的结构对于这样的过程会主动产生敌意，对这一原则只会在口头上说说。很多经理和领导者处于"光荣的孤立"境地，而且对此还很满意。他们的大量精力都用来维护自己领地的自治权了。这种运作方式会产生一种小心谨慎的气氛，在组织内部会没有人愿意去冒险。即使开放式沟通真的受到鼓励（这种事情相对而言极少发生），人的本性也会证明对此是非常抵制的。世界的一半等着有人告诉做什么，另一半按照命令去做。组织越大，问题就越大。

众所周知，权力——能做出重大伤害或重大善行的能力——会导致道德观的缺席。在商业关系中，权力常常会取代信任，不管是在组织内部的个人之间还是在组织及其商业伙伴之间。如果信任缺席，那么没有解决的问题就会积累起来。当这些问题浮现出来时，常常会因为负载了太多情绪的火药而爆发。

这一效果的表现之一就是告密。

当我意识到发生的事情时，我怒不可遏。这并非违法，也不是犯罪，只是……不负责任。每天的报纸上都写着要削减给服务业提供的资金，几乎每天都有人提醒我要节省费用，但却有大量资源管理不当，很明显浪费严重，这实在令人难以相信。我去找了我的上司，但是就好像在跟一堵墙讲话。因此我自己去找了报社。我没有什么害怕失去的，我很快就要提前退休了，但是我还是采取了匿名的方式。地狱的大门都打开了，他们还是发现了是我做的，媒体和电视台的记者围住了我的房子，工作中的气氛令人难以忍受。最后什么也没有发生。对于媒体来说这不过是五分钟的热点新闻。他们都在公共服务业的官僚乱象中迷失了自我。(公共事业工人，大不列颠)

不管对于个人还是组织而言，告密或多或少都会带来损失。如果一个组织内部的沟通渠道被阻塞，或如果某个人感到孤立无援，那么向外部抱怨就很有诱惑力，例如媒体。对于个人而言，逃脱随之而来的各种影响和来自各方的敌意几乎是不可能的，尤其是如果一家组织以这种方式被曝光的话，几乎不可能会给告密者提供其所需的支持和保护，而缺少支持和保护可能首先就会使其加速采取行动。对于告密者而言，令人痛苦而又具有讽刺意味的是，他们个人的人品和信誉（这是最初他们行动的动机）会受到质疑，结果常常是因为他们曝光的事情而受到责备。这就是

"杀死带来坏消息的报信者"的经典反应。告密者是没穿保护服的傻瓜。

弗洛伊德在早期研究中曾与信任和沟通的问题"斗争"过，他在论文中评价这是"'野蛮的'精神分析"。他认为只有在满足两个条件的情况下告知另一个人其潜意识里的东西才会起作用，这两个条件是：

首先病人本人通过准备工作必须已经到达了他曾经抑制的区域，其次病人必须已经对医生形成了足够的依恋（移情），这种情感关系使得……逃离成为可能。只有在这些条件得到满足时，才有可能识别并控制住导致压抑和忽视的抵抗力。因此，精神分析的介入绝对需要和病人有相当长一段时间的接触。如果医生在首次咨询时就唐突地急于告诉病人自己发现的秘密，这在技术层面上会引起病人的反感。（[1910] 1953g, p226）

正如弗洛伊德所指出的，为了缓解被情感控制的东西的出现，双方当事人必须首先结成合作联盟。要形成联盟就需要一定程度的信任。弗洛伊德意识到构建这样一种关系需要相当小心。就好像用药一样，必须安排好"洞察"的时间和剂量（凯茨·德·弗里斯和米勒，1984）。如果这种控制没有建立的话，可能就会出现逃跑的情况，"说真话的人"可能会变成魔术师的学徒，无法控制局面。"傻圣"必须意识到，在任何指定时间，领导者（或任何人）能够接受的与其意见相左的内容是有限的。在这个方面，因为双方有经常性的正式安排的会面以及固定关系，因此傻瓜和精神治疗师相比通常不会占什么优势。但在组织这个背景下，双方的遭遇通常是偶然的。

幸运的是，正如我上文中所指出的，对敏感的问题发表观点时，幽默在缓解紧张气氛方面发挥着重要作用：幽默有助于接受这样的信息。幽默可以解除抵抗，让人们更容易听到自己必须做的事情，这样可以让组织步入正轨。在雅·哈谢克的著名小说《好兵帅克》中有一个很好的例子，阐明了"傻圣"在组织生活中以一种特定形式所起的作用，小说描述了看上去很蠢的男主人公的悲惨遭遇，讽刺了腐朽的奥匈帝国及其战争机器。在某种意义上，帅克代表的是任何一个发现自己身陷官僚主义齿轮中的人。他的白痴行为掩盖了他的聪明智慧。对于人性，他观察得很仔细，他尖锐的评论让其他人意识到了自己行为的荒谬。帅克就是一个典型的"傻圣"。通过模棱两可的用词和对命令字面意思的执行，他展示了很多规章制度的愚蠢。他的行为和行动迫使我们重新思考自身行为之后的根本原因。他是狂妄自大的完美解药。

但是如果帅克在商业组织中找到一席之地，这样的话，他的忍耐力会是什么？最后的观察报告是一个决定性问题。在处理高度敏感的问题时，组织型傻瓜会冒一定风险。讲真话可能会威胁到职业发展前景，揭发告密又通常会给首先启动这一过程的人带来悲惨结果。出于这些原因，对于内部人员来说很难承担这个角色。但是，在组织中也能找到傻瓜，他们对领导力的影响可能会非常大。有时一个受到信任的高层管理人员会扮演这个角色，可能是因为他的工作自然而然地涉及这样去做。有些组织有一些位置是制度化了的，例如内部顾问，或者一种监察人员（按照斯堪的纳维亚的传统）或不属于任何一个部门的资深管理人员。如果有某些编剧技能的话，即便一个不那么资深的管理人员也能偶尔当回发言人。在一些机构中，可能职位不那么高的人更适合扮演这个角色——一个普通人或帅克。

我们来看一个例子。在一家汽车配件行业的公司中，傻瓜的角色是由负责生产和运营的副董事长扮演的。这是一个靠自己的力量从公司生产线上走到今天职位的男人，他非常熟悉公司的内部程序。他工作效率非常高，因为实用主义的做派而受到尊敬。考虑到他的背景以及公司受市场驱使这一现实，他的职位已经够高了。但是这个职位看上去并没有使他不安，因为很明显他喜欢这个职位。因为他对其他高管不构成威胁——权力游戏是他最不关心的事情，所以他的建议是人们急于听到的。尽管这家公司有一位人力资源主管，但是这位副董事长在人力资源方面的作用虽不正式却非常重要。

CEO 退休后，要从公司所属的企业集团指定一位继任者。新的 CEO 之前在别的部门工作，因此对公司或行业并不了解。他对下属有些粗暴，如果事情不完全合他的心意，他会说些讽刺的话，急于打断他们或让他们住嘴。两位为公司服务了很长时间的高管在一次气氛激烈的管理会议后被解雇了，之后公司内部的气氛变得紧张也更糟糕了。公司的管理人员不知道怎样应对新的 CEO。因为他的脾气很糟，因此即使他们感到他做的决定并非对公司最有利时也不愿意表示反对。

这时负责生产和运营的副总裁开始在管理会议上起到的作用越来越明显。他采取了一种幽默的方式，既不咄咄逼人也没有任何不敬，他能够平息紧张的气氛，同时将管理层没有公开表达的共识传递给 CEO。他谦逊幽默的风格对 CEO 而言起到了镇定作用，使 CEO 看上去是出于对怎样处理工作问题的焦虑才这样的。在这位副总裁的影响下，管理会议上开始有了意见的交流。慢慢地，其他管理人员也有了充足的勇气自由表达意见。当 CEO 对抗的一面重新出现时，副总裁很快就能控制住局面，因此这种关于意见的自由沟通得以保持了下来。

但是，一般而言，外部人士更容易扮演这种角色。例如，一位咨询人员就频繁担任这一角色，尽管在事件的正常过程中不会专门为此去雇一位咨询人员。常常双方都察觉不到咨询人员正在扮演这个角色，而正因为如此机构才得以紧紧地与现实联系在一起（偶尔，高管确实会意识到公司里有个小丑非常重要。我曾经出席过一个会议，会上使用了讽刺性短剧向高层管理人员传达难以传达的信息，这样做效率很高。我也在这家公司里别的地方看到过类似的角色扮演的活动，都是以一种有组织的或自发的方式。总的来说，这些活动指向的是中层而非高层管理人员，因此其效果相应地也就受到了限制）。

咨询顾问会特别频繁地发现，一个组织的真正问题与最初明确的问题不同（莱文森，2002）。客户说自己想要的东西和他们实际上需要的东西之间的差距会很大。因为高管们常常不愿意提出并面对真正的问题，因此咨询人员的责任就是看到症状背后的东西，并把问题的成因公开。如果咨询人员能既熟练又小心地扮演傻瓜的角色，那么他们就能成为催化剂，带来洞见和改变。

如果是咨询人员而不是内部人员扮演傻瓜角色的话，陷入"野蛮分析"的结果往往就不会那么戏剧化。如果反馈变得过于令人不安的话，可能发生的最坏结果就是提前结束咨询工作。外部顾问和傻瓜的角色在很多方面看上去都是天生一对。通过装聋作哑和故意问一些幼稚的问题，咨询人员能更深入地了解个别的组织问题，从而促成改变。在这里幽默是无价的，尤其是在提出选项和进行推荐的时候。

一家机构请了外面的咨询人员来让设计部门的工作流程合理化。咨询人员的建议证明非常有效，在整个组织内引发了一连串的行动。因为他的成功，这位咨询人员被邀请帮忙设计和实施一个新的绩效评价系统。CEO 一般都很冷漠，其他人认为很难接近，但是很欣赏这位咨询人员的工作，开始信任他。因为这位 CEO 对于管理会议的召开方式不是太满意，因此他让这位咨询人员列席了一些会议，然后让他介绍怎样提升决策质量。这位咨询人员很快意识到，是这位 CEO 自己的笨拙阻挡了信息和创意观点的自由流动，从而导致出现了痛苦而又僵化的讨论。如果想让会议变得更有成效的话，需要做出改变。随着会议的进行，这位咨询人员开始就正在讨论的问题提一些假装很天真的问题，他的幽默让气氛变得缓和。他的介入有助于打破冰面，而同时又强调了重点。所有的高管逐渐开始放松，讨论比以往任何一次会议都更有创意，人们彼此倾听并且以彼此的观点作为发言的基础。

但是，正如组织生活中其余的很多方面一样，这种关系和文化的成功建立在很大程度上依赖于开明的管理和领导。只要领导者决定让沟通过程起作用，并且知道失去信任会有哪些隐患，问题就得到了很大程度的缓解。有一个人就把这些问题当作了自己领导力的一项原则，他就是法国企业家，前政治家和电视主持人贝尔纳·塔皮。他在自传《赢》中写道：

即使是最聪明老成的领导者，周围的那些人在面对老板时也会放弃自我和反对精神……即使他们看到领导者在带领公司步入歧途也一言不发，因为他们不敢……伟大的领导者会按照自己的意志建立一种免责文化。对我而言，开诚布公的讨论以及我称之为"创造性紧张"的气氛都是绝对重要的。出于这一原因，我有一堆朋友，我和他们商议的次数与我和团队商议的次数一样多。他们中有记者、商人，形形色色，但完全独立于我，他们不是我的雇员，他们会告诉我从哪里开始，这非常关键。如果你周围没有人会告诉你何时"连续跳"，你就不是一个合格的老板……

为了选择身边合适的人，那种也想成为"胜利者"的人，你必须了解自己，对于相左的意见要包容，要能够了解自己的优势和劣势何在。（1986，p126-p127）

这些例子阐释了"傻圣"（不管是个人还是组织的形式）能够让领导者保持平衡。结果就会形成一种"执行集合体"，可以有效防止组织病的发生（霍奇森，莱文森和扎莱兹尼克，1965）。通过幽默和坦诚的交流，"傻瓜"和"国王"玩了一场深层游戏，内容是关系人性的基本问题，例如控制、对抗、被动和主动。如果幽默受到了控制，不允许变得有破坏性或过于放肆，就会提升集体的凝聚力和信任的气氛。幽默可以消除有害的幻想，令人宽心，最终改变组织的方向，使其面对现实问题。

　　不幸的是，在对组织的研究过程中，我们通常会关注领导，却很少注意到下属扮演的角色。但是，二者之间存在错综复杂的关系：领导者需要下属，国王需要他的傻瓜，反之亦然。我们不能忘记，尽管组织应该普遍是理性的，但是事实常常并非如此。一旦界限逐渐消失，结果可能就会危害到组织功能的效率。这恰恰是组织傻瓜可以发挥重要作用之处。乔治·萧伯纳曾经说过："每个暴君都要有一个不忠诚的大臣来让他保持理智。"这也是傻瓜的作用。在组织内部，有些人扮演傻瓜角色可以让组织在正轨上运行，维持对现实的把握，最重要的是可以控制狂妄自大的破坏力量。

第 6 章

骗子综合征

很难确切地讲这种方式是什么，

不仅暗示它是一种魔法；

以一种亲切的方式，

并非完全不像这种方式，寓言或相反，

自然中的某些生物，他们有着

能说服他人的迷人魅力——

抓住另外一只生物的眼睛，不顾对方有多么不愿意，

甚至不管受害者的热切抗议。

　　　　　——赫尔曼·梅尔维尔《骗子的化装表演》

我非常清楚

对于真丝内衣成瘾并不一定意味着

一个人的脚是脏的。

然而，就好像是纯真丝之下

常常隐藏着湿疹。

　　　　　——阿尔伯·加缪《堕落》

纵观整个历史，骗子曾让大众神魂颠倒。过着欺骗性生活或从事欺骗活动的人总是有着致命的吸引力。骗子之所以如此受欢迎，一个原因可能就是认可——常常好像骗子给我们看的关于我们自己的东西，是我们可能不想在正常情况下看到的。在某种程度上，想想我们在公众面前和私底下的表现有多么不同，我们其实就是骗子——我们都在演戏（戈夫曼，1971）。展示表象，误导观众是日常生活不可缺少的一部分。但是，这并不能解释骗子在真正欺骗他们的观众时的心安理得。观众常常是心甘情愿被骗的。

"骗子"一词有两个含义，这两个含义常常并存。骗子就是欺骗、欺诈或作弊的人。也可能是性格虚伪，展示出的并非真正的自己。我们发现在有些情况下这两种角色是融合到一起的，例如有人使用假身份来欺骗他人。但是我们还会遇到一些人，他们伪装成另外的人，而这样做并没有任何可见的好处。骗子从中受益的情况更为普遍，然而经济获益应该被看作是达到目的的手段而非骗子行为的主要原因，即使在受益的情况下。心理上的满足看上去常常比物质上的优势更重要，而后者是骗子可以骗来的。

有很多关于骗子的例子可供我们选择，可能其中没有一个比费迪南·沃尔多·德马拉的职业更鲁莽大胆，令人震惊，他的别名就是"伟大的骗子"（克莱顿，1959）。读读他一生的故事，我们可能只会惊叹于这个人是如何若无其事地假装成各种身份的，其种类之多真是令人惊奇。德马拉曾设法伪装成特拉比斯特派修道士、心理学医生、宾夕法尼亚州一所小型大学的哲学系主任、法学专业学生、动物学研究生、癌症研究人员、缅因州一所大专院校的老师、加拿大皇家海军的中尉军医（实际上他在海上成功地做了一台大手术）、得克萨斯州的助理监狱长以及一位小学老师。

在商界还有一个难忘的骗子，那就是安东尼·迪·安杰利斯，他操纵了几百万加仑并不存在的色拉油，搞破产了两家华尔街经纪事务所，导致了美国运通公司一家子公司的破产，还使得纽约和芝加哥的商品市场未来价格直线下跌（米勒，1965）。尽管迪·安杰利斯的动机是经济利益，但是他还创造了一个非同寻常的虚假世界来满足自己获得认可的需要。他比世界上几十个最精明的银行家、经纪人、商人还要聪明。但是当他进行欺诈时，没有人停下来想一想他把色拉油卖得这么便宜怎么赚到钱。他反而继续用花言巧语骗那些金融家借给他更多的钱做下一笔生意。因为愿意相信，再加上贪婪，即便是最狡猾的商人都置现实和怀疑于不顾。最终，金融家们手中的文件上色拉油的数量令人震惊，甚至超过了政府报告中色拉油的库存，但是仍然没有人警觉。八年后泡沫破裂了，权威部门发现迪·安杰利斯的色拉油仓是空的。

还有一个非同寻常的关于骗子的例子是弗兰克·阿巴内尔——这个骗子曾经是世界上的头号通缉犯（阿巴内尔和雷丁，2000）。电影《逍遥法外》描述了他的一生。这个骗子一度被 26 个国家和 50 个州通缉。在将近 5 年的时间里，阿巴内尔成功地伪装成了航空公司飞行员、医生和律师，过着奢侈的生活，将通过伪造支票骗来的 250 万美元挥霍一空。最令人吃惊的是，这一切都是他在自己 21 岁生日之前做的。阿巴内尔在高档社区布朗士区长大，16 岁时他就相信制服是行骗的最好道具，并凭借头发中的几缕灰发，开始伪装成泛美航空公司的飞行员。这一伪装使他得以在全球免费旅行，还帮助他实现了支票诈骗骗局。他行骗时就像一只变色龙，能适应任何周围环境。被逮捕并不意味着他就无路可逃。在从瑞士被引渡回美国的途中，他从飞机上逃走了。后来，在亚特兰大监狱服刑时，他凭借三寸不烂之舌获得自由。但是，阿巴内尔现在是一名正当的商人。作为世界上最厉害的自学成才的骗子，他现在为世界 500 强公司做咨询，他帮助这些公司了解诈骗技术。他还曾为 FBI 做过咨询。

对于骗子，甚至还有一个更为不同寻常的精神病学分类，那就是孟乔森综合征，这一名字来自一名虚构的 18 世纪的德国男爵和士兵冒险家，他是很多荒诞故事的主角（莱曼，1975；斯汪森，1981）。这种综合征的特点是反复编造临床上令人信服的症状以及虚假的医学和社交史。患上这种病的人希望因为某种非精神类疾病而接受手术或其他形式的治疗。

我们事后来观察德马拉、迪·安杰利斯和阿巴内尔这样的人的生活时会发现，任何一个人都可能会上他们的当，这常常看上去无法理解。但是，尽管骗子们还在获得对方信任后行骗，他们和哈梅林的花衣魔笛手一样，看上去在编织魔咒，而人们只会迫不及待地追随而来。看起来骗子能够唤醒我们心中原本在休眠的一些倾向，从而使得我们罔顾现实，被牵着鼻子走。此外，欺骗这种现象比我们想象的要普遍得多。近年在一些公司像安然、世界通信公司、美国泰科电子科技公司发生的丑闻非常有参考性。临床研究表明，其特征涵盖范围很广，从感觉像一个骗子到积极行骗都在范围内。当然，很难想到有哪一出戏剧或一篇小说中的情节不是主要由欺骗或揭穿骗局来推动的，哪怕说这些大家关注的事情占据了残酷的每日新闻的大部分也不为过。

那是什么让一个人成了骗子呢？骗子需要什么？他们的动机是什么？为什么他们这么令人神魂颠倒？为什么他们要这样毁灭自己（毕竟，他们一般都会被发现）？我们每个人身上是不是都有一点骗子的影子？欺骗行为在机构生活中会引发什么具体问题？

欺骗的精神动力学

已知最早关于骗子的临床论文是卡尔·亚伯拉罕写的（[1925]1955）。亚伯拉罕是一名军医，一个军事法庭让他调查面临军事法庭审判的应征士兵。他在案例史中写到，这位士兵赢得了他人（包括看守他的狱卒）信任而后马上通过欺骗背叛这种信任，这种能力给他留下了极深的印象。尤其让亚伯拉罕震惊的是这位士兵"编故事的天分"以及"不可控制的想要夸大的欲望"（p294）。在进行解释时，亚伯拉罕认为，因为这一个体"在童年时期感觉没有人爱自己，因此有一种内在的动力想向每个人展示自己是'可爱的'……［然后］证明自己并在之后很快向他们展示他自己不配有这种感觉"（p300）。亚伯拉罕还表明，这位士兵渴望富有的双亲，这种症状在临床文献中叫作"家庭浪漫史"——相对比较平凡的童年时期的幻想的持续，尤其在受到惩罚后产生，幻想自己的父母不是亲生的，自己是贵族或皇室的后裔。就这样，亲生父母被视为骗子。这种认为某个地方一定有更好更为体贴的其他父母存在的幻想会徘徊不去。当父母不能满足孩子得到认可或依赖的需求时，就会触发这种幻想。"家庭浪漫史"可以看作是补偿性自恋自我提升的形式，是为了对自尊进行调节（卡普兰，1974）。这些幻想促成了"个人神话"的发展（克里斯，1975），"个人神话"融合了早期记忆和幻想，后来的经历就是"个人神话"安排的。亚伯拉罕还对这位士兵强烈的自我欺骗倾向进行了评价，因为"他从未显示过有多么想逃脱法网"（p292）。

多伊奇在 1955 年对骗子的讨论中推测，骗子使用他人的身份"不是因为他们缺乏做出成就的能力，而是因为他们必须藏在一个奇怪的名字后面，使一个或多或少适应现实的幻想具体化"（［1955］1965a，p332）。她认为，"骗子的自我，正如其自己真正的名字所表达的，是被贬低并充满内疚的"（p332）。难怪这样一个人会想以别人的名字行事，因为感觉与自己真正想成为的样子更为一致而感到更光荣。多伊奇根据自己的案例研究总结出，骗子与众不同的行为是因为童年时期母亲感情上"喂食过量"引起的，母亲用自己的感情闷死了自己的孩子。父亲的行为可能加重了这种情况，因为他将孩子作为自己未被满足的欲望的承受者而使孩子负担过重。多伊奇还认为那些已经取得成功的人也感觉自己是个骗子，并为此而烦恼。她这样评价自己的一位病人："（他）在现实中效率越高，就越焦虑……他感觉自己就像一个换了角色的骗子，一个做着诚实的工作的骗子。"（p333）

格里纳克（［1958］1971a，［1958］1971b）假设了骗

子的三套基本症状:"首先,'家庭浪漫史'非常明显和活跃;其次,身份意识的干扰非常强烈而且受到限制,是一种现实意义上的梗死;第三,包括良心和理想的超我的变形。"(1971b,p96)骗子因为自己能力的明显差异受到打击,因此明显需要自我欺骗,她对此做出了评价:"技巧和口才与彻底的愚蠢交织在一起。"(1971b,p97)格里纳克意识到了观众的反应对于帮助骗子建立自我的现实感来说是必需的。她追溯到了这一行为的源头,即一个家庭中父母不和,母亲对孩子有极强的占有欲,并把孩子作为一件可供展示的物品。同时母亲可能会瞧不起父亲,因为他既无能又令人失望。格里纳克认为,在这些情况下,恋母的情况存在着严重的不平衡,孩子(在这种情况下就是一个男骗子)看上去接替了父亲在家庭中的角色。她认为孩子被迫过早进入了成人角色。为了维持这一地位并不断获取成年人的赞美,孩子会在模仿方面发展出令人震惊的天分,最显著的是模仿成人行为的能力。不幸的是,这样一种发展轨迹的代价往往是缺乏结构合理的独立自我,以致自我意识和现实意识都很差。

骗子将这种模仿的天赋带入了成年,为了创造伪装的

气氛和看上去比实际更浮夸，他们变得非常擅长和观众沆
瀣一气。"家庭浪漫史"还会以一种成年人的形式出现，自
我膨胀的幻想会在骗子的一生中持续发挥重要作用。骗子
的行为中还有一种因素，这种因素有时称为"假逻辑幻想"
（菲尼切尔，1954；多伊奇，1965b），当骗子为了打动观众
而精心编造谎言来屏蔽记忆时，对已经真正发生的事情会
同时既揭示又掩盖。骗子在激情之下会相信它们是真的。
"假逻辑幻想"和病理性说谎、白日梦这样的正常幻想有很
重要的区别，因为现实检验暂停的时间足够长，长到允许
骗子把幻想付诸行动，只要能说服观众就行。伪造一个新
的"事实"也是在掩盖包含一些历史事实的痛苦心理材料
（温斯谢尔，1979；斯彭斯，1982；布卢姆，1983）。就这
样，谎言是一种自我保护的形式，因为谎言可以让骗子控
制住危险的内心冲突。

从这一点到失去区分幻想和现实的能力之间并不太
远——这个阶段骗子开始相信他们创造的关于自己的神话。
骗子冒用他人身份时往往会感觉更好，这一事实可以解释
上述两者距离有多近。他们看上去抗拒并贬低自己真正的
身份，尽管他们能意识到自己真正的天赋。实际上，他们

常常利用这些天赋来进行欺骗。他们使用自己天赋最普遍的方式之一就是对语言的操纵——他们使用词语的能力和听的能力。和很多小说作者一样，他们知道怎样编造假象和怎样使得这些假象更令人信服。兰格（1953）描述了观众怎样着迷于中世纪行吟诗人对场景的描述，要求描述得更为详细，好像他们正在构建一幅三维立体画一样。骗子具备移情反应的能力，而且他们对观众的反应非常敏感，还会把观众的心愿编进他们自己的神话，由此编织出一张越来越可信的幻想织锦。

有一个人身上，同时具备身份危机、语言能力及编造神话的技能，加上既富有创意又悲剧的下场，这个人就是18世纪的英国诗人托马斯·查特顿。查特顿是布里斯托尔一位小学校长的遗腹子，由母亲和姐姐抚养长大。他聪明早熟，16岁就已经写出了让他声名鹊起的诗作。但是，他谎称自己写的诗是在一个旧箱子里找到的中世纪的手稿，并进一步伪造了文件来支持他的发现。当他的骗局被揭穿时，查特顿逃到了伦敦，在那里穷困潦倒的他结束了自己17岁的生命。查特顿的诗写的是什么内容呢？

查特顿在他的作品中虚构了的家庭浪漫史，其中甚至包括一座构思完美的中世纪城市布里斯托尔，他将这座城市变成了 15 世纪一座繁华的大都市，其文化中心就是查特顿家族世世代代担任执事的教堂。查特顿用的语言表面上是中世纪英语，但实际上是他自己发明的。他的写作肯定常常是狂热的，他虚构和理想化了一位真实的 15 世纪布里斯托尔商人和市长，一位圣人一样的慈善家，勇士，博爱主义者，一个精通世故的人，这个人过着楷模一般的虔诚生活，他委托一位牧师诗人罗利写下了这座城市的编年史，并赞美了这座城市的历史。证据显示罗利就是查特顿自己的经过完美化的投射，而圣人一般的商人坎宁就是他的父亲。(欧利尼克，1988，p674)。

虚构作品的作者可以说是经常进行一种无害的欺骗，在虚构出来的作品中需要读者自愿与其共谋。查特顿将这一双方同意的欺骗推过了虚构和欺骗之间的道德界限，这是为了满足自己受到伤害的自恋。查特顿从小没有父亲（及类似的人物），因此可能被迫进入了一种角色，而这一角色他感到无法通过对母亲和姐姐的期望来维持。他不确定自己的身份，轻视并掩盖了自己的天分，因此查特顿伪造和具体化了一个能力非凡的个人浪漫史。他的声望和诗作挺过了曝光和羞辱，但他没有挺过去，他悲剧性的自杀给了其他诗人和艺术家以灵感。除了浪漫的想象对他的吸引力外，他的作品中真正天分的核心得到了很多人的认可。威廉姆·华兹华斯描述他是"了不起的孩子"，而约翰·济慈称他为"最纯粹的英语作家"。

从象征意义上来看，骗子扮演的是那种老式的无微不至的母亲角色，满足无限的渴望，满足几乎被遗忘但又从未被真正放弃的童年的愿望——获得全部关注。对其观众而言，骗子代表的是理解他们所有需要的人，骗子可以表达出观众内心最深处的愿望，还会帮忙实现。对骗子而言，观众想要更多同样的东西的贪婪是一种持续的刺激。一旦骗子成功洞察观众的幻想世界，他们就会有无数的要求。这样骗子和观众就以一种意识不到的合谋通过共同的兴趣联系到了一起。正如演员 W. C. 菲尔德曾说过的："你不能欺骗一个诚实的人。"观众因为期望会得到满足而高兴，而骗子需要观众来消解内在的空虚感和对某种身份进行再次肯定。当然，观众在遇到危机和动荡时是最容易受到影响的，这时候会发生大规模的欺骗，因为这时会承认需要救世主但又说不出来。在社会动荡的背景下，曾有一种非常不同凡响的行为方式，其中就包含欺骗的因素，这次我们放到一个政治背景下来看。

他征服大批观众的秘密之一就是对人群的情绪有一种与生俱来的敏感，一种天分可以推测出隐藏在他们心中的激情、怨恨和渴望……对他批评最尖锐的一位批评家（汉夫施丹尔）……写道：

他以地震仪或无线接收设备的精密对人的心灵的震颤做出回应，使他能够以一种任何天赋都无法赋予的肯定担当了扩音器的角色，公布最隐秘的愿望，最不可接受的本能，苦难，个人对整个国家的反感……他神秘的直觉……准确无误地诊断出他的观众患上了什么病症……他进入了一个大厅。他嗅嗅空气。摸索了一分钟，找到了路，感受到了气氛。突然他爆发了。他说出的话像射出的箭一样直中目标，他碰触每个隐秘而疼痛的伤口，让观众不知不觉获得了解脱，表达出了他们内心最深处的愿望，告诉他们最想听到的。

（布洛克，1962，p373-p374）

上面这段文字来自艾伦·布洛克的名人传记《阿道夫·希特勒》中的第7章，这一章研究了这位独裁者对整个国家的欺骗。在书中，布洛克分析了这种几乎令人难以相信的能力，凭借这种能力"（希特勒）在1938—1941年，也就是他的巅峰时期，成功地说服了德国大部分人相信他们已经找到了一位超越常人的统治者，一位由上帝抚养长大的天才引导他们进入希望之地"（p410）。布洛克发现了希特勒成功的秘诀——这也导致了他最终的灭亡——在于"他非同一般的自我戏剧化的能力"（p375）。"实际上，希特勒是一位完美的演员，拥有演员和演讲家的能力，可以让自己进入角色，不管说什么时都让自己相信自己说的是真的。"（p377）这是一个人的肖像，这个人设法在世界的舞台上演出，他关于控制和力量的幻想，对英雄和种族纯净的狂热，个人的服从和国家的至高无上，在他背后留下了一连串空前绝后的恐怖：

在艾瑞他建了……在贝格霍夫之上……他会为了一个环抱地缘政治学上的欧亚心脏地带的巨大帝国精心修饰他令人难以置信的阴谋；他的计划是培育出一个在生物学上经过预选的新精英民族；他计划将几个国家的人全部沦为奴隶，这是他的新帝国的基础。自从希特勒写《我的奋斗》时，这样的梦想就让他深深着迷。在 20 世纪 20 年代晚期和 20 世纪 30 年代早期，这些很容易被视为混乱和过热想象力的产物而被拒绝……但在 1941—1942 年间这仍是希特勒桌间谈话的主题，到了那时……希特勒已经显示出他有能力将自己的幻想变为可怕的现实。入侵俄国，S. S. 灭绝小分队，计划除掉犹太种族；对待波兰人、俄国人、斯拉夫"劣等民族"——这些也是希特勒的想象力的产物。(p374-p375)

希特勒的骗局获得了毁灭性的成功，这在很大程度上取决于希特勒对自己形象讽刺性的操纵，以及他越来越相信自己创造出来的神话。随着第二次世界大战的继续，他抵挡不住狂妄自大的诱惑。他表现得就像是德国的救世主，上帝的工具，世界历史角色的扮演者，不和普通人一样受到约束，他开始慢慢相信自己是绝对正确的。"当他开始考虑改进由自己创造出来的可以自动创造奇迹的形象，而不是利用这一形象时，他的天赋已恶化，他的直觉欺骗了他。讽刺的是，失败来自使他获得成功的能力，他自我戏剧化的能力，他说服自己的能力……自古以来绝对没有人像阿道夫·希特勒那样毁于自己创造的形象。"（p385）

在更深层次上，希特勒远远不是人们渴盼的救世主，他对自己的人民也充满攻击性。愚弄观众、利用谎言和欺骗可以视为侵略行为，一种报复的形式——在希特勒这个例子中，他针对的是什么呢？他无能而粗暴的父母？第一次世界大战结束及第二帝国灭亡后德国的投降协议给他带来的背叛感？他对于二战期间要求数以百万计的生命做出牺牲毫无顾虑；同样，他还准备在战争快结束时牺牲掉德国，而不是放下权力承认失败。阿尔伯特·斯佩尔，"德意志帝国"的军备和武器生产部长，回忆起当他向希特勒确认德国已经输掉战争时对方的反应："（他）用一种冷冰冰的语气继续说'如果战争失败了，人民也会失败。不必担心德国人民会需要苟活于世。相反，对我们来说最好是连这些都毁掉。因为我们的国家已经证明自己比较弱小，未来完全属于更强大的东方民族。不管在什么情况下，只有

那些劣等人才会在斗争后继续活着，因为优等人已经战死了'。"（1970，p557）

两天后，希特勒确认了这一态度，他命令联军在行进中实行"焦土政策"：

"所有的军队、运输、通信、军工和供给设施以及德意志帝国内的所有资源"都要毁掉。这等于是给德国人民判了死刑……后果将会令人难以想象：在一段不确定的时期内将会没有电、没有煤气、没有纯净水、没有煤炭、没有交通。所有的铁路设施、运河、水闸、码头、船只和铁路机车都要被毁掉。即使没有被毁掉的工厂，也什么都无法生产，因为没有电、煤气和水。没有贮藏设备、没有电话通信——一句话，一个被扔回中世纪的国家。（p560）

希特勒到了生命的尽头时，准备把他花了那么多时间和精力、按照他的想象来塑造的这个技术和建筑方面最辉煌、军事最强大、文化全球影响最大的国家毁于一旦。他的欺骗背后留下的玩世不恭、谎言和野蛮的剥削最终都曝光了，但已太晚。

然而这位最具破坏性魅力的花衣笛手给幸存的追随者投下的咒语一直到最后还生效，虽然陈旧不堪但还算完整。这咒语迫使失宠且被冷落的斯佩尔冒着生命危险回到柏林，只是为了向这位"领袖"最后道别：

　　想见到他的愿望如此强烈以至于再一次战胜了我矛盾的感情。因为从理性角度来讲，我相信这种需要很急迫，尽管已经太晚了，因为希特勒的生命要结束了。我过去几个月中做的一切反对他的事情都是因为要阻止希特勒看上去下决心进行的大灭绝……我迫不及待地等着他去死……然而每个期待都再一次显示出我和希特勒情感上的纽带……对这位已倒下的统治者，我的怜悯之情越来越浓……一方面是因为责任感、效忠宣誓、忠诚、感激，另一方面是因为个人的悲剧和国家的灾难而感到怨恨，这些都集中到了一个人身上：希特勒（p601-p602）。

　　很多年后斯佩尔才和自己矛盾的感情达成了和解，并充分意识了希特勒对德国人民的欺骗——这是他在斯潘道监狱服刑二十年间经过多年的自我反省才做到的：

"1960 年 8 月 24 日……经过在斯潘道监狱反复思考，我慢慢地彻底了解到我曾效忠的这个人对大众来说并非一位善意的保护者，也不是德国辉煌的重建者，也不是大欧洲帝国失败的征服者，而是一位病态的充满仇恨的人。爱他的人民，他经常谈到的德国的辉煌，他作为幻想编造出来的'德意志帝国'，所有这些最终对他来说都不重要了。我仍能记得读到对他的遗嘱的最终宣读时的震惊。在大难临头的世界末日，他还试图让我们恨犹太人，这很卑鄙。"
（1976，p353-p354）

欺骗的阴影

欺骗当然并不总是以这样极端的悲剧和堕落的形式进行。正如我在上文中所提到的，证据显示欺骗可能是一种性格特征，通过不同的方式得以展示，从感觉到无能为力和虚假到故意行骗。这些表现会对组织产生影响，这是我们在这里主要想讲的，这些影响的范围也相应很广。

欺骗感

在不同的时期，"真正的"和"神经性的"骗子之间都有区别（格里纳克，[1958] 1971a，[1958] 1971b；阿伦斯，1959；格迪曼，1985）。真正的骗子其身份是基于模仿而非真正的成就。神经性骗子是那些实际上已经成功的人感觉到欺骗。这些人有一种持久的感觉，那就是他们受到了每个人的欺骗，他们实际上并没有别人想的那么聪明能干。他们把自己的成功归因于运气、补偿性的努力工作或一些外在因素，例如外表有吸引力、讨人喜欢。有些人努力工作的程度令人难以置信，而且总是准备得过了头。但是，他们不能接受自己在智力方面有天赋和能力的事实。他们生活在持续的恐惧中，害怕自己欺骗性的存在会被曝光——害怕自己将无法满足别人的期望，害怕灾难会随之而来。

举个例子：荷兰一位优秀的女性高管——要知道荷兰这个国家女性高管并不多见——向我描述了她既要工作又要照顾家庭的经历：

当我决定去上大学学习企业经济学时，大部分人都认为我不过是一时兴起，最多学上几年，然后找个好丈夫！

我确实找了个丈夫，但是我继续学习并拿到了学位。在当时几乎没有听说过有谁读了大学还生了个孩子。我当然听到了很多闲言碎语……但是真正刺激到很多人的是我决定去工作。我是个母亲，怎么能去工作呢？我怎么能忍受自己呢？我觉得大部分人认为我不负责任。

我承受了很大压力，当然我不得不处理我成长过程中对母亲角色的记忆。她是一位典型的家庭妇女。不待在家里而去工作明显让我成了一位坏母亲。幸运的是，现在荷兰女性既工作又照顾家庭的情况更加普遍了。但是当时有很多压力要我放弃。

尽管我在商业上很成功，而且我认为我的家庭生活也很幸福，但是我仍然怀疑是不是二者都要兼顾。表现出来的症状是——尽管我努力与之斗争，我仍然常常感到内疚。我一直有这种感觉，那就是我并非真的什么都在行。男人们可能会发现很难理解我在讲什么。

童年时期的心理任务之一就是确保"婴儿基本的自恋，即相信自己和父母都是万能的……会逐渐减弱，也就是说，必须被自发的行动所取代"（马勒，派因和伯格曼，1975，

p226）。有欺骗感的人在建立这一分离/个性化的过程中往往会遇到困难。他们从未感到过真正的独立，他们缺乏有凝聚力的自我感知。他们感到自己的成就和能力是欺骗性的，这让他们感到内疚、恐惧和压力。他们认为自己是骗子（克兰斯和艾姆斯，1978；克兰斯，1985）。这类人通常对拒绝非常敏感，害怕社交上的失败，饱受残存的依赖需求之苦。他们尤其对自己有完美主义倾向。好像他们吸收了父母的过高期待，却没有将其适当内化。他们常常感到焦虑，缺乏自信，情绪低落。

对于女人感到自己是骗子的情况，克兰斯和艾姆斯（1978）假设存在两种类型，这取决于其家庭历史。根据他们的研究，第一种类型受到家庭的伤害是因为父母认为另外某个子女聪明，而这个后来会有欺骗感的孩子会被认为敏感或擅长社交。不管她取得了多少成就，家庭仍认为那个"聪明的"子女更有才华，更能干，但其学习成绩实际上往往要糟糕得多。这种归因让这个"敏感的"子女怀疑自己真实的能力，并怀疑家人可能不是正确的，因为他们不考虑所有那些外部证据。在第二种情况下，有欺骗感的这个人被断定在每个方面都优于他人——智力、性格、外貌。其儿时的很多趣事被一再重复，为了说明她还是个婴儿时就早熟。但同时，她却很难做到。考虑到对她进行夸赞时的方式是很随意的，她开始不信任父母的看法，从而不相信自己的看法。

尽管有人会认为能力的归属受性别刻板印象的支配——社会认为女性不如男性能干，有些女性担心自己的成功会破坏与男人的关系以及她们作为母亲的能力——那他可以认真地提出质疑：是否欺骗感仅局限于女性？男人可能也会有类似的感觉，这常常与他们因为自己比父亲更优秀而产生的无意识的内疚感有关。这种内疚可能会导致因为恐惧父亲的嫉妒而产生的焦虑（谢弗，1984）。在这样的情况下，看上去恋母情结从未得到过成功解决。这些孩子气的恐惧——可能其核心是真实的，常常基于隐蔽的信息——可能会持续到成年期（凯茨·德·弗里斯，1989）。这些感觉会发展，因为成功常常会让人过上与其家人不同的生活，这会引发对于分离、疏远和拒绝的恐惧。但是，至于性别问题，只有一种警告值得注意，这与性有关。尽管对于一个男人来说伪装高潮几乎是不可能的，但这种欺骗对于女人而言却很容易。在达到高潮方面存在困难的女性，或出于各种原因伪装高潮的女性，在生活中的其他方面会有欺骗感。

和真正的骗子一样，有欺骗感的人可能也会为了赢得他人的认可而采用一种基于伪装的求生策略；通过阿谀奉承、聪明的恭维以及魅力，他们可以避免遭到社会的抛弃，而这正是他们所害怕的。而对于真正的骗子来说，保持骗人的外表带来的压力会使之崩溃。这些人不仅仅是有欺骗感，还可能会自我挫败，达到可谓是"经由失败的成功"（雷克，1941），还会确信他们愚蠢的行为所证实的欺骗。这种行为可能符合其过去所建立的寻求关注的模式。尤其是女性可能会显示出"灰姑娘情结"（道林，1981），即自我挫败显示的是一种深层次的愿望，希望受到照顾或得到拯救，从而免于承担不得不照顾自己的责任。但是，等着自己王子的到来可能会是一个代价昂贵的悲剧。

总的来说，有欺骗感对个人和组织都有很严重的影响。感到不称职、过度补偿性努力工作、拖延症（害怕采取行动）、怀疑以及罪恶感的恶性循环会非常难以打破。这些感觉表现出来的话会导致功能瘫痪或灾难性的自我挫败行为，在组织中其影响会非常深远。

欺骗性

我在上文中提到，在某种程度上我们都是骗子——我们都在舞台上演戏。当我们在公共场合例如组织中演戏时，我们的角色扮演就非常突出（戈夫曼，1971）。特别是企业家，他们身上很多特点和骗子一样。毕竟，企业家和骗子一样，都是在努力把自己的幻想变为现实。他们迫切需要追求一个愿景，并且说服别人相信他们的观点，他们可能常常会扭曲现实。不过，他们在推销自己的梦想时生成的热情——尽管可能会不现实或不明确——很重要，因为他们借此可以引发变化，如果成功的话，还可以促进经济条件的改善。

但有时梦想会变质。商业界一个有趣的关于骗子的例子是瑞芳·萨尔瓦多·赛义德，他曾是瑞典一家生物科技公司佛蒙塔的董事长。萨尔瓦多·赛义德在全盛时期曾让瑞典的金融和工业机构、媒体以及全体大众都眼花缭乱。他变成了民族英雄，因为他即使在成为瑞典首富后，依然生活低调，而且很明显对追逐财富漠不关心。他被媒体拍到在斯德哥尔摩一间小公寓里喝着可乐吃着比萨，他还和一支业余球队踢球。1985 年他被瑞典电视台选为"瑞典年度人物"。不幸的是，后来他被发现并未像他所说的那样拥有博士学位，这起初就好像是茶杯里的风暴，但是后来变成了一件大丑闻，因为在他的身上发现了很多不法行为。佛蒙塔公司的股票，曾经是投资者的宠儿，现在在一年中跌幅超过 90%，瑞典很多个人和机构都受到了影响（威特博特，1987；桑德奎斯特，1987）。为了完整了解在这一层面上的骗局及其影响，值得仔细分析一下赛义德的职业。

赛义德的早期经历鲜为人知，对弄清事情真相也起不到什么作用。但他好像 1946 年出生于埃及，是五个孩子中最小的那个，他的父亲是一位老师。他的母亲是捷克斯洛伐克人，在他一岁时就死了。据赛义德说，他的两个哥哥死于以色列战争期间。他的父亲再婚后又生了九个孩子。赛义德十几岁时曾两次前往捷克斯洛伐克参加青少年营。1966 年他离开埃及前往瑞典上大学。在瑞典期间，他曾数次前往苏联参加夏令营。1972 年，他娶了一位瑞典社会工作者。

尽管赛义德在介绍自己的背景时有虚有实，但是有一点是清楚的：他早年过得非常困窘和混乱。他很小的时候母亲就去世了，这肯定给这个家庭带来了严重影响。母亲是外国人，有着不同的文化背景和生活习俗，这肯定是他好奇心的来源。让他的混乱感变得更强的是，他有一个继母和很多同父异母的弟弟妹妹。对于这两个女性分别在他的人生里扮演了什么角色我们只能揣测，我们也不清楚他的父亲对他人生的影响。但据赛义德说，他的祖父对他的信念和价值观的形成有着重要的影响。

如果我们相信赛义德的描述的话，那么他在小时候就被迫自给自足了，就像个小大人那样。据此我们可以推断，他的成长进度与年龄不符。他从小就学会了如何不依靠任何人生存、如何采取主动以及自力更生。他讲过他怎样从小就意识到自己能够吸引别人的注意力、迷住别人以及担任领导角色。

尽管我们永远不会知道他的家庭动态是什么样子，但是我们可以推断，他去过捷克斯洛伐克和苏联多次，最终移民到瑞典，也许这样做是为了解决自己到底是谁的问题，以及努力稳定自己混乱的个人身份感和文化身份感。他后来的行为表明，他的困惑感也许从未消失，还表明他很难区分现实和幻想。想要相信、想要编造新的事实来掩盖痛苦的真相并使之匹配他的欲望，这些欲望变得如此强烈，以致损害了他的现实感。生命早期对心理意义上的幸存的需要可能已经变成了他人生的一个主题。

在事业发展的早期阶段，赛义德表现出强烈的企业家精神。他在一家生物科技公司做顾问，拥有好几项专利。1973年，他开办了一家名为微凯姆的公司，结交了一些人，与这些人的交往对他后来的事业发展很有用。1981年，赛义德瞄上了瑞典制药公司阿斯特拉旗下的青霉素工厂。这家工厂就是佛蒙塔，当时处于亏损状态，阿斯特拉打算卖掉它。赛义德没有钱，于是空手套白狼。他运用高超的演讲技巧，结合几个虚构的避税手段，成功地让阿斯特拉相信他有偿付能力，用1瑞典克朗购得了佛蒙塔的控股权。当时，佛蒙塔在制造生产青霉素的原材料，而青霉素原材料市场萧条，因为全球有很多家青霉素原材料制造厂，生产能力过剩。赛义德最初的计划是把工厂转型为奶牛疫苗制造厂，奶牛疫苗利润很高。然而，他其实从未实施这个计划，而是集中精力买进各种抗生素公司。

令人吃惊的是，佛蒙塔开始赢利，这很大程度上是由有益的汇率波动造成的。1984年，赛义德决定让佛蒙塔上市。在招股书中，他说他有化学博士学位。公司上市之时，瑞典股市正在经历前所未有的上涨，而且瑞典缺少生物科技公司。结果，佛蒙塔的股票超额认购16倍。

在以上描述中，赛义德给人的印象似乎是精力充沛、忙忙碌碌、完全面向未来的。有些人甚至说他是一个不断移动的靶子，这样的性格使得他不受约束而且不好理解。他说话很快、断断续续、带口音、经常前后不一致。他的一些习惯和不合乎传统的行为在很多人看来非常古怪，但是也有人认为他是天才，仅仅是别人不了解他。在瑞典，人们的做法有所不同，因此这个反传统的外来者让听众神魂颠倒。他有一种神秘的诀窍，可以左右他人。据说赛义德还精通读心术。他热情、慷慨，因此非常有吸引力。他有能力在每个接触的人面前装出能满足对方需要的样子。他擅长用图表、数据，这使他成为一个高超的谈判家，把对方搞得眼花缭乱。但是，事后显示他很多地方讲的都是错的，他还经常利用自己施加于人们的影响。矛盾的是，赛义德的反英雄做派比其他方式更有效地吸引了更多注意力。这可以有效地满足他被人喜欢和受欢迎的需要。最终，沃尔沃的一位发言人说，赛义德这样做并非无心为之，而是处心积虑，他"多多少少愚弄了整个瑞典社会——政治家、商人、金融分析师、金融记者"（摘自维特博特，1987，p96）。

1985年佛蒙塔迅速扩张。赛义德疯狂地买下一家又一家新公司，和相关领域的公司合资并共同开发市场。他的目标是成为抗生素领域的头号生产商，这样他就可以影响全世界的价格。同时，他成功地吸引到了瑞典一些最有声望的商人加入他的董事会。到1985年底，赛义德已经成为瑞典首富——至少名义上如此。他在1986年1月到达自己的职业顶峰——他宣布了一项大交易。在沃尔沃的支持下，佛蒙塔要牵头合并瑞典的制药和生物科技行业，从而达到控制主要的竞争公司的目的。

不久，一篇看上去无伤大雅的文章出现在一份不起眼的报纸上，文章质疑赛义德是否获得过博士学位。对很多人而言，很难接受这个小小的欺骗。在最初的怀疑之后，相关人士开始关注赛义德的各种活动。沃尔沃交易计划落空，"梦想"（他是这么叫的，其本质是资本主义游戏）成为泡影。他越来越多的违规做法被揭露出来，包括长期合同付款预先入账、资本交易记作利润、拆东墙补西墙式融资。

很明显佛蒙塔运营中的报告都是不准确的，各种预测也是有选择性的。瑞典商业银行旗下的投资公司工业投资发现，佛蒙塔的资产价值被大大高估了。它还发现，佛蒙塔的某些利润来自从未发生的交易。赛义德非常积极地操纵佛蒙塔的股价。他是一位真正的舆论大师，一手编造了自己白手起家的故事。只要有记者来采访，他就大谈特谈合并、收购等计划，以影响佛蒙塔的股价。最终，每个人都意识到赛义德出售的是梦想和承诺，佛蒙塔的股价在很大程度上都是建立在空中楼阁之上的。他的公司远远不是什么高科技公司，不过是一家简单的生产企业。

赛义德表现出骗子的很多特点，比如，他有高超的表演技巧和动人的口才，他擅长利用别人的贪念，他擅长打消别人的疑虑，他擅长描绘企业的美好愿景。他一会儿扮演普通人，一会儿扮演商业巨头，这表明他身份感的不稳定。他把现实和幻想混为一谈说明他接受现实检验的能力在某种程度上是受损的。他编造了关于博士学位的谎言，这无疑会毁掉自己。因为他高度暴露在自己吸引来的公众面前，所以他不可避免地会被揭穿。

然而，似乎赛义德并不觉得自己做错了什么。和其他很多企业家一样，他很难区分什么是他的、什么是公司的。他也许会这样将自己的行为合理化：他所做的一切都是为了公司的利益。从某方面分析，他也许是对的（尽管他不择手段，但是他似乎没有通过佛蒙塔牟取私利）。他看上去并未从自己的一意孤行中获得巨大利益。实际上，赛义德如此认同佛蒙塔，以致他不愿与佛蒙塔断掉联系，他在仍然可以卖掉佛蒙塔股票的时候并没有卖掉为自己捞一笔。如果能亲自见上赛义德一面，我就会坚信他的行为与很多企业家的没有什么区别。所有的企业家都需要梦想，但是他们有时会难以区分现实与幻想。为了解决自己内心的混乱，赛义德看上去已经违法了。他的个人神话给他带来越来越多的麻烦。他自己的问题和公司的问题交织到了一起，自我欺骗最终导致他的落马。

赛义德因为让投资者的幻想破碎而受到谴责。情况常常如此，很多坏蛋之前也是英雄。但投资者本身也并非无辜，他们成为自己的贪婪的受害者。最终，当赛义德不能再履行诺言时，就变成了替罪羊。尽管我们可以假设，赛义德并不是故意的，而是受到潜意识的驱动，但无论如何，赛义德犯了罪。最后，斯德哥尔摩法庭判决他14项金融罪名和 5 年监禁 (《从贫穷到富有再到监狱》, 1989, p12)。

关于这个故事再多说几句, 像赛义德那样的人是社会的活力之源, 他们能够看到别人忽略的机会, 他们有助于社会重估现有的惯例和模式。赛义德给他的第二故国留下的遗产非常有讽刺意义: 这一事件促进了瑞典金融系统的彻底和持久变革。

和骗子打交道

G. K. 切斯特顿曾评价说, "一个技巧高超的骗子是最可怜的天才; 他就像荒岛上的拿破仑"。但是, 正如我们见过的, 大部分骗子的技巧都没有那么高超——他们不会一直是拿破仑。最终他们隐藏的缺陷会浮现出来, 他们自己撕掉了自己的面具; 他们在现实检验方面存在的问题会背叛他们。

我们所有人面临的挑战就是要保持我们检验现实的能力, 不要被情绪力量所左右, 尤其是在海妖诱惑的歌声响起, 许诺远方有爱、财富和幸福在召唤我们, 引诱我们投降的时候。当我们面对讲不通的承诺或保证时, 要知道那不过是在诱惑我们放弃信仰，我们应该倾听警告的声音并认真分析、仔细审视它们。那些说"相信我，我会满足你所有要求"的人很难让人抵抗，尤其困难的是要识别贪婪并与之抗争。但是当这些感觉吸引我们或者开始觉醒时，该是时候退后、调查、咨询和评估了。

骗子的催眠术不是我们唯一要应对的问题。我们还要解决我们自己的欺骗感。这种感觉还会对个人和机构的正常运作产生破坏性影响。有时，我们都是负面想法和自我怀疑的受害者。但是，当这些成为令人难以忍受的问题时，它们会让这个人及其身边的人过上悲惨的生活。个人要想重获真实感需要付出大量的时间和努力。如果我们做好准备并且有机会可以深刻理解我们的动机和行为的话，这种变化虽然很难但并不是不可能的。一个人自我反省的能力和对自我盲点的意识既可以预防骗子的催眠，也可以预防欺骗感的麻痹作用。

第7章

领导力和权力的滥用：
共谋之外

这些年来，对于那些企图在民主政治中存活下来的政治家，我尤其深怀同情。我一次又一次地把嫉妒的眼光投向政府的各种极权主义典型。在那种环境下做一个高效的领导要容易得多，怪不得那些家伙永远也不退休，除非遭到枪杀。

——亨利·罗索夫斯基《大学：所有者手册》

我们近来遇到的最极端的滥用权力的例子就是纳粹 20 世纪三四十年代在占领欧洲地区后建立了集中营。那些集中营的真实情况在二战结束后曝光，这给我们提供了道德标尺，供我们在此之后用以判断所有的事件——甚至从历史的角度来对之前发生的事情进行判断。此外，这迫使每个人对自己关于个人责任的看法再次进行评估。接下来的几代人，对此的反应从否认到怀疑再到悲伤，即便是那些和那个时代的联系已经切断了的人，他们的曾祖父母、祖父母和父母曾生活在那个年代，这些人已经离世了。然而问题仍然存在：这是怎样发生的？怎么可能发生这样的事情？人们怎么能对另一个人做出这样的事情来？

答案深藏于人类的心灵之中。纳粹集中营骇人听闻的"成功"很大程度上取决于对心理学原则的了解和无情滥用。要回答"这样的事情是如何发生的"这个恒久的问题，唯一的方式是经由类似的途径，探寻在极端暴政的影响之下人的心灵是怎样活动的，通过了解当时的过程找到方法来打败它们。战争爆发前，心理学家布鲁诺·贝特尔海姆曾在达豪和布痕瓦尔德的集中营被关了一年，他在著作《知情的心》中对忍受极端恐惧的心理结果进行了研究，开始去了解这些过程：

我的研究方法……受到了弗洛伊德的观点的影响，他认为人的潜意识会刺激人的行动，此外他还发现了我们心灵中最黑暗的部分。只要我们坦诚面对这些，接受它们的存在，我们就会相信这在控制我们的毁灭性倾向方面有多重要；这样我们就能够防止像我们那一代人所遭受的那种灾难……

我们不应该忘记或扭曲纳粹恐怖主义和种族灭绝的意义，不是因为一个世纪前普通人对普通人做的那些可怕的事情，而是因为这些事情对今天的我们的警示意义。[1986，pXIII 页]。

不管是在集中营里还是外面，纳粹的目标就是对个人的完全镇压。只不过有长期和短期之分：长期是为了千年德意志帝国的复兴，短期是为了德国的繁荣而使用奴隶劳工以及后面发动战争。使用的方法都是类似的，都是基于恐惧、威胁及残忍强迫个人成为共谋，这导致他们对个人的感觉、情感和智力的否认。贝特尔海姆写道，集中营

"最大程度地弱化国家属性"（p240）。在集中营里，犯人被系统地剥夺了个人物品和个人身份，他们不再有名字，只有一个代号。即便是最基本的卫生设施也没有，还常常被迫把自己弄脏，这样一来监管者就很容易认为这些受害者低人一等，暴行的合理化也就变得容易了。从这些散发着恶臭、营养不良的漫画人物一样的人身上，每种形式的人性都被剥夺了。这一过程简化了"分裂"的过程：超级人物（德国理想的身体类型）vs. 劣等人。个人被迅速归类为大众，个人主义存在的任何明显迹象都受到严厉惩罚。自我消除是一个迅速的过程，"为了加速让他们从有自尊的成人变成听话的孩子进行了有目的的努力"（p134）："犯人的自我利益和纳粹党卫军的压力是朝向同一个方向的。保持独立意味着危险和很多困难；听党卫军的话看上去是有利于犯人的利益的，因为这会让他的生活变得容易一些。同样的机制对集中营以外的居民也起作用，尽管形式没有这样明显。"（p135-p136）

这一过程的最终结果就是，在那些存活时间足够长的犯人中，"是一种愿意和能够接受党卫军的价值观并且和他们行为一样的人格结构"（p169）。

从模仿党卫军攻击性的语言到模仿他们攻击性的动作，这是又迈出了一步，但是这一步用了好几年时间。如果让犯人管理其他犯人，则老的犯人……比党卫军有过之而无不及，这种情况并非个例……

老的犯人往往不仅认为自己的目标和价值观与党卫军一致，甚至还追求外表上的一致。他们会擅自穿上破旧的党卫军制服，如果没有，则会自己把囚服缝缝补补，改成党卫军制服的样子……

既然老犯人接受或被迫接受了对党卫军孩子式的依赖，他们中很多人看上去想有一种这样的感觉：至少他们作为全能的父亲形象而接受的某些人是正直而善良的。因此，尽管看上去很奇怪，他们对党卫军也有正面的感情。(p171-p172)

认同侵略者的过程，来自个体那种强烈想要保持一些心理安全的需求。在这种特殊形式的认同中，个体通过对侵略者的模仿，会呈现出侵略者的属性，可能会把自己从受威胁者变成施加威胁者。潜在的受害者希望成为侵略者，获得他们的权力（弗洛伊德，1966）。贝特尔海姆探究了这一过程在大多数德国人中生效的方式，总结道："暴政越专制，暴政的对象就越虚弱，就越渴望通过成为暴政的一部分而'重获'力量。在彻底接受暴政的过程中可以通过认同而获得或重新获得一些内在的完整性。但是要毫无保留地认同暴政就要付出代价，简单来说就是要放弃自主权。"（p294）

如果纳粹集中营代表的是一个极权国家的镇压效果的终极缩影，那么很多类似的系统用来控制下属的方法也揭示了对于心理方法的类似滥用。20世纪80年代晚期东欧的社会主义国家解体后，很多国家面临揭露和解散无处不在的秘密安全体系的痛苦过程，这些系统曾多年压迫和控制广大人民。对于前东德的公民来说，揭露斯塔西（前民主德国国家安全局）和秘密警察的活动会带来毁灭性后果。随着斯塔西档案的公开，他们可以看到朋友监视朋友，丈夫揭发妻子，孩子敌视父母："通过观察每一个人以及将尽可能多的人拉入这一过程，（这个系统）在很大程度上达到了目的，即在整个社会强迫外部的顺从。只有几个勇敢的人愿意为反抗付出沉重的代价，这些代价包括入狱、社会孤立、可怕的劳役、禁止出国以及剥夺孩子的受教育机会和工作机会（这也是最令人痛苦的）。"（《清算的日子》，1992，p20）他们国家内部的信息系统和社会结构紧密交织，因此当东德试图重建国家拨乱反正时，面临的一个主要问题就是怎样区分有罪和无辜，以及怎样确定责任范围，因为共谋的范围很大，从某位公民的刻意沉默到官员的镇压命令都在其中。

在《无权势者的力量》（1990）一文中，瓦茨拉夫·哈维尔写道："每个人内心都有一些意愿，想融入无名的人群，舒舒服服地和他们一起沿着虚假生活之河顺流而下。"本章我会分析一下大权在握之人是如何利用这一普遍的人类趋势的。20世纪的最后十年间，大众开始注意领导者滥用权力的两个著名例子，这两个例子的背景大相径庭。第一个是伊拉克的总统萨达姆·侯赛因，他曾发动了两次残酷的战争，1991年初是第二次。这两次战争后来在十年内都输掉了。第二个例子是罗伯特·麦斯韦尔，1991年11月去世后数天内，他复杂的商业帝国轰然倒塌，震动了商业界，在随后几周内成为国内和国际报纸的头条新闻。我想马上做出免责声明：我不是要把麦斯韦尔的活动或其后果的影响与侯赛因的活动或（本章开头提到的）纳粹德国的活动相联系或认为它们是等同的。相反，我想分析一下在不同的环境和背景下滥用权力的影响，分析一下人性中的黑暗面如何在各种情况下显露出来。

政治领袖滥用权力的例子：萨达姆·侯赛因

正如我们在前文中看到的关于纳粹极权的例子一样，暴君逼迫而产生的退化、孩子般的行为和对党卫军的依赖，他们的世界的动力学很简单：在一个非黑即白的世界里，人们或者支持或者反对他们，没有给细微差别留下空间。独立的思考者是活不下来的；不合作的人马上会成为新的"恶棍"；违背领导者的理念就被归入劣等人，低人一等，并且成为领导者发火的对象。

大部分人会很快服从并成为同谋，也许是被动的，也许是主动的，而那些不准备服从的人会被领导者加害。这种行为在两个方面是自我保护性的。首先，限制了成为领导者本身的受害者的可能性。其次，正如我们所看到的，在面临极权主义者时，认同入侵者可以解决无助感和无能为力感。感觉接近领导者——成为系统的一部分——会让人产生自己很有力量的幻觉。对入侵者认同的过程，是以集体思考的形式参与诱惑，连同某些必需的行动，其中最微妙的是参与向入侵者指定的敌人施加的暴力。以这种方式分担罪行成为一种效忠的标志，领导者通过源源不断地把人变成坏人，可以加深这种效忠。大部分追随者对领导者非爱即怕，会服从其对他们提出的要求。一旦事情没有按照领导者的意愿发展，会有很多随手可得的替罪羊供他们集体报复，这些具体的东西是他们对所有害怕的事情的投射，所有他们认为邪恶的和会威胁到这一系统的东西。这样的发展会导致非常可怕的结果，可以导致一个组织走向彻底的自我毁灭，如果是政治上的领导者的话，会让整个国家毁于一旦。我们在伊拉克总统萨达姆·侯赛因身上看到了这一过程的发生。

在我们已知的对侯赛因历史的记述中，很难区分哪些是真实的哪些是虚构的，主要是因为他刻意模糊现实，编造了大量个人神话。我们确实知道他1937年出生在提克里特一个沙漠中的小镇上，他家特别穷（达尔维什和亚历山大，1991；拉伊斯基，1991；卡什和列乌特斯，1991；库格林，2002）。他的名字的意思是"对抗的人"——这预示了以后发生的事情。他不知道自己的父亲是谁，在萨达姆出生前他的父亲不知道是消失了、死了，还是被杀害了。不管因为什么，他的母亲没有了丈夫，在他出生时还在哀悼刚死不久的大儿子：总之，对于这个新出生的婴儿来说，这不是什么幸运的开始。我们可以推测，这个刚出生不久的婴儿身上背负了可怕的负担：父亲死亡或失踪，他母亲对他的心理可能是矛盾的，后来他的继父对他很粗暴，这些强化了侯赛因的意识：自己是个不受欢迎的孩子。他的童年充满了愤怒、言语侮辱、暴力和犯罪。他的继父不让他上学，反而派他出去偷东西，因此侯赛因在 8 岁那年就离家出走去上学了。官方的版本是这样的。据说到 10 岁时他就能熟练使用枪支，可能从那时起就随身带枪了。

对于这样一个出身卑微的人来说，通常没什么希望可以成就一番事业，除非有人对这个成长中的孩子表现出兴趣。在侯赛因这个例子中，这个角色看上去是由他的舅舅海里拉·塔尔法，巴格达一位小学教师承担的。塔尔法在第二次世界大战期间参加了一次流产的前纳粹政变（被英军镇压了），所以遭到了伊拉克军队的驱逐。这导致他一生都对英国和"帝国主义"充满仇恨，这也影响到了他的外甥。侯赛因的野心是要成为军官——在当时的伊拉克只有参军才能保证向上层阶级流动，因为这个国家被政变和反政变搞得四分五裂。但是，侯赛因出身卑微，无法进入巴格达的军事院校，因此后来他当权后宣布自己是陆军元帅，这是对当年的失望的一种补偿。

早期，侯赛因沉浸于政治密谋，这些密谋与伊拉克的内部混乱事件没什么区别。1956 年，他参加了一次政变，试图推翻伊拉克君主政体。一年后他 20 岁了，加入了复兴社会党，这个党成为全国性的政治组织。自从结束求学生涯后，侯赛因全部的个人生活似乎都在复兴社会党内进行了。

侯赛因曾和舅舅一起企图暗杀当时伊拉克的统治者卡辛，这是他首次崭露头角。根据官方对这一事件的描述，侯赛因愿意为了结束一个不被接受的政权而牺牲自己，杀身成仁。我们可以看到在这样一个勇敢、机敏、忠诚于党和人民、钢铁纪律的传说中，人和神话开始融为一体。卡辛最终被除掉后，复兴社会党掌了权，侯赛因被提拔到区指挥委员会任职，在那里他负责一支特殊军事力量，负责恐怖活动和暗杀。他在 Qasr al-Nihayyat 即"终宫"（这个地方是国王费萨尔及其家人被枪杀的地方，所以叫"终宫"）进行审讯和拷问工作。侯赛因开始着手构建党内安全体系，称为 Jihaz Haneen①，或"渴望工具"。他的权力越来越大，直到成为革命指挥委员会（该国真正的掌权机构）的副秘书长，权力仅次于他的表哥，总统艾哈迈德·哈桑·巴克尔将军。在 1968 年和 1969 年，伊拉克进行了一系列的大清洗，包括在巴格达解放广场上执行了数场死刑，有 14 名所谓的间谍被当众绞死。

1979 年 7 月 17 日，国庆日，侯赛因宣布自己成为总统，抢走了表哥的位置，他表哥在前一天宣布辞职，据推测是因为身体不适。5 天后，为除掉潜在的对手，侯赛因在党内发起了一场戏剧性的清洗。在一个超过 1000 名复兴社会党党员参加的会上，他指出了名单上的名字，要求每个人选择大声进行忏悔，忏悔自己参加了所谓的受叙利亚支持的反对伊拉克和复兴社会党的阴谋。受到惊吓的其余人开始大声喊"萨达姆万岁"和"叛徒去死"（达尔维什和亚历山大，1991；卡什和列乌特斯，1991）——认同入侵者

---

① 机构名原文为阿语，音译之后的英文名为 Jihaz Haneen，意为渴望工具。——译者注

并分担罪行的过程已经开始了。为了强化他的信息，侯赛因将整个事件的过程都录了下来并把复制品分发给了复兴社会党和军方的高层领导。后来，22 名挑选出来的"叛徒"被"民主执行"死刑——即党内成员组成的行刑队，其中包括侯赛因。其他人被判处终身监禁。编造阴谋、使用恐吓后来成了侯赛因在自己的领导之下让大众结盟的主要武器。

根据所有已知信息，我们可以推断侯赛因的内心世界充满着夸张和暴力。他因为政变和反政变的政治传统而加重的妄想症非常明显，可以看到在他创造的极其血腥的极权形式中最为明显；伊拉克由复兴社会党统治，而复兴社会党是完全由他控制的。秘密警察的活动控制了广大人民，他们通过严刑拷打来执行政策，还以各种方式经常性地惩罚一些"人民的敌人"来展示与政权为敌有多么危险。到处都是告密者，准备对任何可疑的活动进行揭发。我们可以推断侯赛因的行动反映了他内心的暴力。他急于消除异己，组建杀手小队派往世界各地，用毒气攻击自己的公民，对伊拉克的库尔德人和什叶派穆斯林进行屠杀，这些都可以反映出他内心的暴力——这一点尤其可以在他发动又输掉的两次战争中无数的死者身上看到。

但是侯赛因需要什么？他的动机是什么？他可能会说他在寻求一种新的世界秩序，阿拉伯国家的复兴。侯赛因担任总统期间曾接受采访，他非常怀旧地详述了一个事实：他统治的整个地区曾孕育了其他文明，阿拉伯国家是"所有先知的发源地和文明的摇篮"（玛塔，1981，p237）。他认为把阿拉伯人民团结起来反抗外国的篡位者和超级大国是他的使命，是一句可以触动穷困潦倒、颠沛流离的阿拉伯人心弦并让他们响应的口号。他特别指出了一个敌人——犹太复国主义者。侯赛因将自己视为以前的光荣领导者尼布甲尼撒的继任者，尼布甲尼撒把没有自由的犹太人奴隶从巴勒斯坦和萨拉丁带了回来。

但是，如果这是他所声称的使命，那么就无法解释或证明他生活中充斥的暴力、偏执和疯狂的自恋是正当的。自恋和自大狂这样的概念无法解释个人崇拜以及强制性的阿谀奉承——在"沙漠风暴"作战之前这就存在于伊拉克了，2003 年以美国为首的联军最后一记重击说明这一偶像其实不堪一击。在被推翻前，无数画有侯赛因肖像的宣传牌以各种形式宣扬他是战斗英雄，比《圣经》还要古老的勇士，现代民族主义者，人民的保护神以及现代国家的缔造者。在日常的政治广播中，他的名字一小时内会被提到30—50次，对他最新的成就表示恭喜。巴格达的机场被命名为萨达姆国际机场。伊拉克的小学生们会背诵他的名言，穿印有他的图像的 T 恤，戴的手表表盘上也有他的画像。每栋房子里都挂着他的画像。他是理想的伊拉克人的化身，到处有人尽可能在举止、穿着和外表上模仿他。出现在电视上时，有时很难把他跟周围留着大胡须穿着制服的人区分开来，那些模仿他的人形成了一道仰慕的走廊。他的政权把强迫人民认同压迫者做到了几乎超现实的极端程度。

侯赛因把他动荡不安的内心剧场投射到了周围环境上，创造出来了一个充满暴力和自大的世界，在那里没有人可以信任。这一投射是他跟自己的过去清算的方式，是处理自己过去的无助感、屈辱感和被抛弃感的方式。他的偏执相应地十分极端。因为害怕有人密谋推翻他的统治，他会清除掉很多最亲密的合作者。他经常处在防止有人暗杀的状态。他会生活在一个有堡垒、贴身警卫、食物检测人（以防下毒）和替身的世界里（布鲁克斯和霍维茨，1991，p1）。为数不多几个采访过他的记者都被扒光衣服搜身，还要把手放进蓝色的化学溶液里，检测并洗掉可能会通过握手传染的毒素，还要交出自己的钢笔，拆开后检查是否藏有武器。

很难预测这种对权力的滥用会导致什么后果，侯赛因会有什么下场。1991 年春天，看上去他唯一的选择就是死或失宠，他已经输掉了"所有战争的母亲"，他仍然控制着这个已经四分五裂的国家，而且经济一团糟。他的人民极度悲伤、意志消沉，公开咒骂他是魔鬼，伊拉克的 18 个省当中有 14 个都发生了叛乱。但是，尽管联合国的制裁措施严重打击了人民，不过几周的时间他就开始重建自己的权威。战争一年后，婴儿死亡率翻了三番，食品和药品短缺，而如果侯赛因同意联合国提出的石油出口条件的话，就不会出现这种情况。随着秘密警察的再次出现，受到威胁和恐吓的伊拉克人再次被迫噤声。他们的总统的巨幅画像修复后又挂到了街边。反对派被解散，那些在海湾战争后参与过一次失败的起义的人受到极端残忍的折磨和审讯。出乎所有西方国家预料的是，侯赛因收紧了对伊拉克的掌控。

从"沙漠风暴"作战以来，侯赛因就一直多多少少把自己藏起来，不愿意接电话，担心会让西方国家的监听人员发现他的藏身之所。他每三个星期就会更换一次内阁。在他为数不多的几次公开露面时，身边的贴身护卫不少于20个。据传他有8个替身，当他在国内活动时，这些替身就是诱饵。然而，他的控制仍是绝对的。为避免伊拉克境内的化学武器和核武器军火库被摧毁，侯赛因采取了非常巧妙的紧急政策；他经常在耗尽外部世界耐心的边缘上徘徊，但很少做过头。战后重建也比西方观察家们预期的要快。在战争中遭到破坏或被毁掉的桥梁、道路、炼油厂和公共建筑几乎都得到了重建，公共服务也恢复到了战前的运转水平。于是在无数块庆祝总统成就的宣传牌之外又增加了一块，上面写着"萨达姆·侯赛因总统，斗争和重建的象征"。外界猜想伊拉克军队在战争中遭到了重创，但事实并非如此。军队的战斗力恢复到了战前的40%，在伊拉克南部（战后叛乱集中在那里）施行了戒严令。但是，侯赛因在关于大规模杀伤性武器的猫鼠游戏中做过了头。最终，美国强大的军事力量把他赶下了台。

与其他独裁者不同的是，侯赛因并非受到政治意识形态的驱使。他主要关心的是要掌权，不管付出什么代价。他在面临自己给国家带来的灾难时仍有能力大权在握，可谓令人震惊。有人能预测到来自提克里特的这个男孩会变成这个样子吗？有人会预见到历史性时刻（一个国家发展中某段脆弱的时刻）和一个人的性格二者搭配会导致这样灾难性的后果吗？如果这些年来有人这样预测的话，肯定活不到有机会发出第二次警告。侯赛因的恶行，他强加于人民的痛苦，对库尔德人的种族灭绝，对伊拉克经济上的摧毁以及对整个地区造成的灾难性的生态破坏，所有这些影响在很长时间内都不会消失。

当商业领袖滥用权力：罗伯特·麦斯韦尔的例子

尽管在一个国家范围内滥用权力会带来深远影响——那些参与推翻侯赛因政权的国家的军队中的死伤者都是见证，一定数量的损害限制也是商业背景中的组成部分。我们在罗伯特·麦斯韦尔死后分析一下他通信帝国的戏剧性倒塌，我们最先感到吃惊的应该是这个庞大的商业帝国的复杂和伟大。当然，这座大厦分崩离析之后，少不了有金融建筑师跑前跑后，指出地基本来就不牢固，整座建筑不过是个大型的豆腐渣工程。更让人吃惊的是，看上去他们已经去过这座大厦，一直说着同样的话——至少自从 1971 年 7 月以来，当时英国贸易部的调查者宣布麦斯韦尔"在我们看来不可信赖，没有能力管理一个公开上市的公司"（鲍尔，1991，p287）。

二十年后，很显然，麦斯韦尔的运气很大程度上是过眼云烟，他的公司的惊人下场源自对私人和公众资产的欺骗或货币贸易，而非具体的商业交易。为支付商业并购，他几乎抵押了所有的家庭资产。为了安抚银行家，他疯狂地把资产和债务从一家公司转移到另一家公司。他动用公司的企业年金来支撑他摇摇欲坠的商业帝国。他使用自己明知一文不值的股票来抵押贷款。在这些被揭穿之后，被激怒的人们一遍又一遍问着同样的问题：为什么没人阻止他？没有人明白他在做什么吗？为什么他能这么长时间愚弄这么多人？为什么没人听到或注意到警告？所有这些问题都可以在麦斯韦尔的性格中、在他对周围环境的影响中和那些为他工作的人身上找到答案。

麦斯韦尔死后事情都曝光了，国际媒体一片骂声，其中有一个形象反复出现——一只狡猾而肥胖的蜘蛛潜伏在一个巨大而隐蔽的网中央。这个比喻用来描述麦斯韦尔的商业和家庭生活，因为他的同事和孩子们也被认为是受害者或逃亡者。蜘蛛的形象当然会让人想到麦斯韦尔的唯一显著的性格特征——对控制的强烈需求。普遍认为这一需求应归因于他生命前十六年中的生活状况。

麦斯韦尔1923年出生在捷克斯洛伐克贾恩·路德维克的一个小农庄里。他出生的这片地区被描述为"整个欧洲大陆最原始最贫穷的地方"（鲍尔，1991，p12）。他的父母是信仰东正教的犹太人，他们有7个孩子。这个家庭非常穷但很亲密，尽管承担着该地区的贫穷带来的压力。1939年，这个村庄开始受到纳粹反犹太主义的第一波冲击，麦斯韦尔的父母把他送到了布达佩斯找工作。他从此以后再也没见过一个家人，他们都死在了集中营或灭绝营中。麦斯韦尔逃离匈牙利，来到了法国，在那里他勇敢地和捷克军队作战，然后撤退到了英国。他和英国军队一起回到了大不列颠。通过在敌军后方的情报工作中的几次勇敢举动，他脱颖而出，被委以重任并授予荣誉。在用了几个别名后，他最终改了名字。在战后的柏林，他被任命为英国部门的媒体负责人，这是他第一次与媒体发生联系。

在这时，麦斯韦尔在军队和行政部门的导师认识到了他能力非凡。他勇敢、机敏、富有想象力，能流利地讲9种语言。在他调到另一个团时，他的指挥官给他写了一封阿谀奉承又很真诚的推荐信："这个人个性强烈。他纪律性强，但是如果能有一些选择和行动上的自由，而不是像在岗位上一样受到太多规则限制的话，他肯定会表现得更好"（鲍尔，1991，p26）。麦斯韦尔身材高大，帅气迷人，雄心勃勃，对未来满怀梦想。他在1945年娶了伊丽莎白·梅纳德，法国一位富有的丝绸生产商的女儿。他们生了9个孩子，其中活下来了7个。自1946年麦斯韦尔离开部队后，他们就在英格兰安了家。

结婚时麦斯韦尔就向妻子预言，自己会成为百万富翁，还会成为议会议员。回到英格兰加入英国国籍后，他开始着手去做。经过几次失败，他创建了帕加马出版社，得到授权可以出版科学类著作和学术期刊。这个刻板又相当乏味的出版公司是麦斯韦尔开始不拘一格并购传媒业的开端，这让他在死之前积累下了杂乱无序的庞大全球媒体帝国。他这一生还实现了另外一个野心，成了一名工党的国会议员。因此他既是资本家又是社会主义者，他就这样矛盾而快乐地活着，对支持他所在的工党的贸易联盟一直保持不屈不挠的反对态度，还为他的数家公司不断与其发生冲突。

麦斯韦尔既是国会议员也是商人，挫折和失败从未让他沮丧。他脚踏实地的能力给他赢得了一个不可磨灭的绰号："活泼的捷克人"。在 1971 年贸易部对他出售帕加马的部分业务进行调查时，他展示出的这一能力非常引人注目。麦斯韦尔谴责 "调查报告是诽谤和政治迫害"（鲍尔，1991，p287），提起诉讼要扭转贸易部的结论。最终，这一结论没有被推翻。但是，"自那以后，他就坚持说自己得到了法院的赞同，成功推翻了他们的控诉。这不是真的。他固执地坚持自己的错误，理解这一点有助于解释麦斯韦尔内心的困境和英国当时的环境，为什么在这种环境中他拼命想要成功"（鲍尔，1991，p287）。起诉书对于调查的影响是毁灭性的：

麦斯韦尔充满能量、干劲十足、想象力丰富，但不幸的是他对自己能力明显的依恋导致他忽略了其他人的观点（如果这些观点不能共存的话）……其他董事、专业顾问以及他的员工都没能影响到他的观点或行动。他丝毫不认为整个董事会的观念应该为政策负责……他有一种不顾后果和不正当的乐观主义，这使得他能够在有些场合置令人不快的事实于不顾，还能够让别人在明知道是假的情况下还做出声明。(鲍尔，1911，p286)

这些指控含糊不清。尽管巡视人员承认麦斯韦尔拥有过人的天赋，但又无情地分析了这些天赋是如何被滥用的。起诉书中描绘了一个组织类型的暴君，脱离现实，为了满足自己自恋性的欲望置事实和警告于不顾。然而，调查并没有阻止麦斯韦尔。自那以后，他的目标是对所有自己感兴趣的公司要控股51%，以确保没有董事会能对他进行问责。他吸引金融界和政界很多顶尖人物加入了董事会，与之有关的人应该保护了公司及其投资者的利益。

二十年后，"不正当的乐观主义"、谎言、秘密和自大狂终于被曝光了。为什么会掩盖这么长时间？将其归因于20世纪70年代英国的环境、20世纪80年代繁荣的岁月，或者麦斯韦尔强大的魅力和能力——能通过三寸不烂之舌让自己转危为安是不是过于简单了？到1991年，麦斯韦尔的公司遍布英国、美国、法国、以色列和东欧。他的死给这些公司带来了灾难，无一幸免，很多都毁于一旦，对所有的公司来说这都很突然。怎么可能会有这么大规模的欺骗呢？

作为一名企业家，麦斯韦尔对权力表现得很矛盾，他的指挥官在 1945 年就看出了这一点。他憎恶规则和约束，却残暴地将这些加诸他人。他不得不控制周围的每个人和每件事——他的家庭，他的员工，他的环境。他对控制的需求反映在他痴迷于安全工作的安排上面。电话装有窃听器，门上装有编码安全锁，公司安装有公用扩音装置以便他能亲自给员工训话。接手英国印刷公司时，他创立了一个"前所未有"的审查系统，尤其是对每一分钱的开支都要进行审查。要购置一辆新车、雇用一位临时秘书或签一张超过 500 英镑的支票的话，只有麦斯韦尔才有权批准"（鲍尔，1991，p346）。权力于他而言简直就是食物和饮品。在董事会议室用餐时，不管是和贸易联盟的代表一起喝啤酒、吃三明治，还是招待高管们吃龙虾、喝香槟，一定是第一个给他上餐，而且分量最大。

对于这个通过嘴皮子挣下巨额财富的人来说，最讽刺的是他自己强制性的秘密。麦斯韦尔商业帝国的一位最高行政官彼得·杰伊曾经指出，"办理事情基于须知原则；如果你需要知道，则不会告诉你"（科恩，1991，p11）。
唐·伍德曾是麦斯韦尔拥有的报纸《每日镜报》的人事主
管，他对此表示同意。麦斯韦尔将保密和魅力结合起来，
轮流使用，来吸引或恐吓他人。这种结合可能最能解释他
是怎样持续行骗这么久的，而且或多或少地强迫其他一些
受尊敬的人成为共谋。麦斯韦尔的坏脾气是个传说，整个
出版界都流传着关于他堂吉诃德式行为的传言和编造的故
事。其中很多都是真的，足以在他控制的公司内部增加恐
慌的气氛。毕竟，他曾因为自己的儿子伊恩没去机场接他
而把他解雇了。伍德描述了麦斯韦尔在《每日镜报》的管
理风格：

早晨7:30或8:00我会进行早间汇报。凯文（麦斯韦
尔最小的儿子）常常在场，麦斯韦尔会对他进行每日例行
的训斥。说他工作时间不够长，不足以让其他任何人知道
还有别的工作方式……

麦斯韦尔认为自己有无上的权力。我们都是士兵。我
们接受命令，我们必须执行。

麦斯韦尔通过使用魅力或恐吓得到自己想要的东西。

每日晨会很苛刻。我有一次看到凯文都要哭了，还有一次他太害怕了，请求我从他的父亲那里探听一些消息。（吉利，1991，p17）

尽管麦斯韦尔在其他人面前对自己的儿子训斥起来毫不犹豫，大概可以作为他通过蛮力实现自己决心的例子，但他和自己的高管们在一起时手段要微妙得多："一位美国银行家说，麦斯韦尔公共公司的一位前高级职员和主管告诉他，自己和其他一些主管经常只看到文件中需要他们签字批准的那一页——对于交易的内容他们一无所知。这位职员说，因为麦斯韦尔给他们的薪水很高，所以他们常常左右为难，不知道是要离职还是服从麦斯韦尔先生。"（威尔斯，布雷和雷利，1991，p3）

当然，很多人确实离职了。但是留下来的那些人怎么样了？被麦斯韦尔的霸道吓住了，被他的保密控制住了，被他的小恩小惠迷住了，要在麦斯韦尔的公司生存下来，只能妥协和保持沉默。他粗暴的行为引发的无助感让他的管理方式越发专横。麦斯韦尔的公司文化就是通过强迫保持无知和沉默，鼓励和入侵者沆瀣一气。在他的家庭内部也是这样一个过程。他 7 个活下来的孩子中 4 个较大的，第一份工作都在麦斯韦尔的公司，后来他们挣脱了束缚，有着和父亲完全不一样的生活方式。他在孩子心中激发了感情或忠诚，这毫无疑问。但是，家就是温室。麦斯韦尔野心勃勃想要获得成功，他看上去决心要在孩子身上清除掉任何与他的性格相似的地方。孩子们都根据他的"3C 哲学"进行培训——"体贴、专注和简洁（这三个词对应的英文单词都是以字母 C 开头的，所以称为"3C"——译者注)"（鲍尔，1991，p115)。

"表现得彬彬有礼，讲话恭恭敬敬，对于遵守规则乐此不疲，这恰恰是麦斯韦尔老板坚决而骄傲地拒绝的。但是他却希望雇员和家人能这样做。要求别人做的与自己的性格相反，心理学家把这种独特的性格称为'投射性认同'。我们可以假定麦斯韦尔潜意识中不喜欢自己的性格中的某些方面，因此如果他在其他人身上看到（它们）的话他会反应激烈。在他的孩子身上，他想提前阻止自己性格特征的发展。"（鲍尔，1991，p115)

不管麦斯韦尔抚养孩子的方式背后有什么有意识还是无意识的动机，他的三个较小的孩子，凯文、伊恩和吉莱纳（麦斯韦尔后来以这个女儿的名字命名了一艘游艇，他正是从这艘游艇上摔死的）在他生命的最后时刻都在他身边工作。他们和父亲的关系并不轻松。伊恩和凯文都在产生分歧后离开了父亲的公司，但又抵制不住诱惑回来了。尽管不害怕与麦斯韦尔争论，但他们发现自己不得不处理一个男人暴君般的要求，这个男人既是他们的父亲也是他们的雇主，可以通过双重约束对他们产生影响："伊恩长得好看，也很外向，他继承了父亲的表演天分，擅长市场推广和销售。他甚至喜欢佩戴过时而花里胡哨的领结，因为他的父亲喜欢。他曾说过父亲令人望尘莫及，但在很多方面又是要模仿的出色榜样。起初，对他来说模仿很难，但是他做得越来越好……伊恩……胆小畏惧，但也尽力微笑着度过一天的 15 个小时。"（吉利，1991）

凯文的反应不同。对他而言，认同入侵者的过程远不止对领结的选择。跟伊恩相比，他更深入地参与到了父亲的商业运营中。他遗传了父亲对数字的敏感，以及与父亲相似的残忍和企业家的天分，他和麦斯韦尔一起陶醉于构建商业帝国的危险之中。在为父亲举行的 65 岁生日宴会上，他说："首先，您给了我几十个球抛在空中的兴奋感以及看到其中一些球安然落地的激动。"（吉利，1991）伊恩和凯文无助地卷入了父亲的阴谋，他们发现父亲的死不仅带来了悲伤，还意味着为他的行为而负责的压力落到了他们肩上。他的存在如同保护伞一样，现在保护伞没了，他们不得不面对议会的问询，可能还要独自上法庭。麦斯韦尔曾指出："我的孩子们不会继承我创造的一分钱财富。"（汤普森和德拉诺，1988）这看上去成了他为数不多的诚实预言之一。

麦斯韦尔的故事留给我们的除了废墟中的帝国以及四分五裂的可悲的家庭图像，还有什么？他死后有很多声音说："早就告诉过你"；对于这样一个不同寻常的人物会有这样一个可耻的下场，很多人流露出无法掩饰的满意。然而让麦斯韦尔的员工和投资者们失望的可不止他们的领导者。麦斯韦尔偷走了养老基金，监管者们不够警惕；城里的银行家、股票经纪人和投资分析家没有做出反应；麦斯韦尔各家公司的董事会成员，出于各种原因——恐惧、愚蠢、无知或贪婪——从未行使过正当职责；涉及的无数家会计公司没有发现他的欺骗。无可否认，麦斯韦尔喜好诉讼的名声对这种处境于事无补。很多评论家因为他利用了英国严厉的诽谤法而被迫沉默。媒体学会了要提防他——应该记住他就是媒体界的一个大老板。

最后，尽管很多当事人都没能承认他们的皇帝其实穿的是皇帝的新衣，必须由麦斯韦尔自己来承担责任。他无法让自己受控，也无法创造一种可以让人自由交流的环境。如果他能做到这些的话，他可能就会更快乐，不那么被动，也不那么痴迷于对控制的需求，不会经常在惊人的成功和同样惊人的失败之间徘徊，不会那么走极端，也不会认为自己的世界非黑即白，或认为人们要么反对他要么拥护他。但是，这些都是假设。他的性格决定他只会这样做；他的背景也只教会他这样做。德怀特·艾森豪威尔将军曾说过："你不能靠拍别人的头来领导他们——那是攻击，不是领导。"但是麦斯韦尔是个无依无靠的幸存者，因此对生活迎头痛击可能是他自然而然想到的唯一方式。

仁慈的暴君

麦斯韦尔的大部分行为展示了企业家身上黑暗的一面，那些东西起初是力量的源泉和成功的根源，后来发展过了头，导致他最终的毁灭。动力已经被野心代替，鼓励变成了压制，羡慕被恐惧溶解，信心变成了紧张，创新沉入了平淡的服从。结果就是一个组织无法抵御在麦斯韦尔帝国内传播的那种疾病。

但是，如果企业家的能量能得到很好利用的话，会产生水平无以伦比的创造性活动。在一些情况下，如果入侵者是个脚踏实地的人的话，那么认同入侵者这个过程会是鼓舞人心、给人赋能的过程，即使这个过程的外部标志与不那么健康的临床表现有一种滑稽可笑而又令人惊恐的相似之处：

在阿姆斯特拉德的董事会议室发生了一些奇怪的事情。几位董事长出了胡须。不是那种异族人长的大胡子，而是有型的短胡子，这让他们看上去和公司的董事长艾伦·休格长得很像。有时他们看起来太像了，就好像是一个模子里刻出来的一样。

"我知道你们要这样说，"艾伦的妻子安·休格说，他们结婚24年了。"他们公司有很多大胡子，我确定大部分人刚加入公司时没有。"休格夫人说这些时一副顺从的表情。

很明显她已经习惯了人们把她的丈夫当成英雄一样膜拜，不管是同事还是朋友。(李奥纳多，1991)

就像侯赛因和麦斯韦尔一样，艾伦·休格爵士也是白手起家。他在伦敦东部的市建住宅区长大，是四个孩子中最小的一个，12岁起就每天早起给当地的菜贩子煮甜菜根挣钱。到16岁时，他利用放学后的晚上和周末的时间工作，挣的钱比他的父亲一星期挣的钱都要多。他21岁时成立了阿姆斯特拉德公司，通过向大众出售基本款低成本电脑和软件发了财，20世纪80年代大众刚刚对国内信息技术的创新表现出兴趣。40岁时，他是英国排名第15的富豪。1987年股票市场崩溃让他的个人财产缩水了三分之二，但他仍然很冷静（"不过是些股票。我一直都无视它们。这很讨人喜欢，但是你并不拥有它，因此无关紧要"），继续以丝毫未曾衰减的精力工作。

1992年2月，伦敦的《泰晤士报》刊登了对休格的一次极为罕见的采访。卡罗尔·李奥纳多根据采访进行的概述，可能会让人想起很多罗伯特·麦斯韦尔的性格特点。当然，这些特点在多大程度上是成功企业家的典型特征，很值得商榷。李奥纳多在她的概述中讨论了休格传说中的急脾气（"要是问在场的任何一个人我的耐心怎么样，他们会哄堂大笑"）；他对事情的看法往往非黑即白（"他从来不留下误解的余地。有些人称之为'隧道视觉'，说他不能向左看或向右看，也就是说缺少立体感"）；他对控制的需求以及自负（"我的妻子一直问我会为什么自杀，她说没有人会感激我……我想是自我。我可能只拥有这个公司的33%，但它是我的，上面是我名字的首字母，而且会永远在那儿"①）。但是同样她强调他很诚实、开明，而且平易近人："如果你给总机打电话找他的话，他通常会亲自接电话。"

20世纪80年代晚期，阿姆斯特拉德面临着无数困难，董事长被控在并购中有欺诈行为，而且其手段很难说是精明还是不正当。可能休格做的最接近丑闻的事情就是对托特纳姆热刺足球队的收购，他在热刺足球俱乐部担任主席。对于是否奖励英国天空广播公司卫星站一个合同来直播新成立的足球联盟比赛，休格因其职位而持有决定性的一票。阿姆斯特拉德过去经常代表英国天空广播公司出售卫星天

---

① 公司的名字是由休格名字的首字母组成的。——译者注

线，当看上去英国天空广播公司在出价上要被竞争对手 ITV 超过，休格警告英国天空广播公司要提高出价。这证明休格很坦率，或者说愚蠢，他在 ITV 的代表能听到的地方就给英国天空广播公司打电话。休格承受住了暴风雨一样的抗议和谴责："休格先生认为自己的欺诈交易没有任何问题。很明显这不是一次密封性投标拍卖，因为几个月间给了双方无数次机会来和对方竞价。在休格先生看来，这到最后都是一场没有任何限制的战斗，他相信自己不会因为行为不当而受到谴责。"(《艾伦·休格的职业性犯规》，1992)

如果说这种态度显示了一些无情的话，那至少是由休格自己不妥协的直率引起的。1992 年发生灾难性结果后，在一封写给投资者的信中他再次展示了自己的坦率，这封信是关于大家期待已久的将阿姆斯特拉德私有化的出价问题的：

我们创建了一家机构，其管理人员对国际贸易、库存控制、收购程序以及生产没有经验。为此我必须承担大部分责任……

1989 年，阿姆斯特拉德面临严峻现实：其产品不再具备所需的竞争力。阿姆斯特拉德已经成了一个我们在 20 世纪 70 年代末期嘲笑的那种公司，日常开支极高，行动越来越迟缓，提供的产品和竞争对手的毫无二致。(贝内特，1992，p27)

他试图回购公司，这受到了股东以及评论家的严厉批评，因为他太自私而且不考虑股东利益，但是休格坚持自己的观点不动摇："你们难道没有想过一些常识应该普及吗？你们真的认为像我职位这样高的一个人会得到允许能以不正确或不合适的方式来做任何事情吗？自从 Big Bang 和吉尼斯黑啤丑闻、蓝箭和宝碧丽事件以及无数内部交易案例以后，律师、银行家和咨询人员都特别谨慎，因此能够允许任何一个像我这样的人做些什么真是个奇迹，更不用说私有化报价了。"(写给伦敦《泰晤士报》的信，1992 年 11 月 16 日)

如果要在罗伯特·麦斯韦尔和艾伦·休格爵士二人的成功和失败之间找一些相似之处的话，只能说他们对类似问题的反应是不同的。二人的区别在于诚实和不诚实、精明的手段和狡猾的交易、愿意为自己的行动承担后果和拒绝面对迎面而来的清算。不管休格出价拯救公司的行为有多么不受欢迎或离谱，但他强硬的态度可能比凌晨从行驶的游轮尾部神秘消失更能被接受。

更重要的是，《泰晤士报》在 1992 年 2 月描述了这样一个人：他曾努力把握现实，在这么多年的迅速取得极大成功后还能保持自我。他将自己描述为"非常务实"。

他说，他曾经看到钻进钱眼里的人，"他们成了另一种人，他们想挤进上层观众席。我跟他们不一样。"……

休格的诚实很粗暴。对于直率的问题他会直率地回答……他知道自己的缺点，但是他不会想去纠正。当有人详述站不住脚的分歧时，他只是耸耸肩……他粗鲁无礼而且非常咄咄逼人。他脾气暴躁，爱骂人，他讨厌懦弱无能的人，需要强大的人。同时，那些直接和他共事的人明显都很崇拜他，很享受和他一起工作，说他严谨而公平，不会心存嫉妒，描述他的管理风格是"仁慈的暴君。"（李奥纳多，1992）

讲了这么多"魔鬼"之后，能以对一个比较接近天使的人的描述来结束这一章很不错。艾伦·休格爵士仍是一位高效的公司领导者，是大家的榜样。像休格这样的人很少见，这既增加了其价值又强调了权力的本质有其二元性，在建设性使用和滥用之间要找到微妙的平衡，鼓舞型领导者和压制型暴君之间只有一条细细的分界线。

管理领导力和
权力的模棱两可

世界上最强大的人是可以独自站立的人。

——亨利克·易卜生《人民公敌》

现在有一些明显的标志显示领导和动机的问题从未如此重要，本书对此做出了回应。对于组织的存活而言，这些问题变得越来越重要，将来为了正确运用组织的力量，应该由领导者负责识别这些问题的重要性。可以说，领导者的职责就是能量管理。他们的首要任务就是找到最有效的方法，将组织内部占优势的能量引向共同目标。领导者不能仅按照自己内心的剧场去创造与外部环境一致的未来的愿景。他们还必须把自己内心深处存在的侵略性力量释放出来，从而去表达、分享和通过那个愿景；他们必须创造一个环境，让这一能量不会在两败俱伤的领土厮杀和内部政治斗争中浪费掉。应该鼓励员工去对付共同的敌人，去赢得竞争。领导者应该为手头的任务提供一个焦点。同时，情感能量的产生必须是向内的。必须去激发员工的积极性，授予他们权力。应该鼓励他们分享观点，进行逆向思考。最后一点也很重要，他们应该享受工作，人们应该有享受的能力。

自然而然，这样一种组织文化在很大程度上依赖于领导者和下属之间的心理契约。没有有效的能量管理，就不会有恰当的心理契约，没有这样的契约的话信任就会缺席。

对于组织的幸福和正常运转而言，信任是必需的。因为在大型组织中，偏执狂的幽灵随时会抬起它那丑恶的头，所以对于任何领导者来说，首要的任务就是找到应对和驱散这些毁灭性力量的方法。信任取决于沟通、支持、尊敬、公平、可信度、工作能力和领导方面的一致性。为了让领导者理解这些词语的意思，他或她必须意识到这对下属意味着什么，要能设身处地替下属着想。领导者应该有同理心和创造性自我分析的能力。但是，在什么程度上能满足这些要求，取决于领导者个人的心理平衡。

领导才能：平衡法

如果领导者的反应失去平衡或领导者开始做出不理性的事情，那么会引发关注。有一些可以识别的迹象，下面的清单绝不完备：领导者的愿景中是不是缺少现实主义？领导者是不是总是很挑剔？领导者是不是无法为自己犯下的错负责？领导者是不是认为人们要么支持他要么反对他？是不是因为领导者听到坏消息时很不高兴，所以下属们发现自己被迫进行自省？在组织中是不是只有唯命是从的人才会升职？领导者是不是想所有的决定都自己做？领导者是不是一直都自吹自擂？是不是一直想让自己成为焦点？他或她是不是特别在意公众形象？组织内部是否出现了怀疑和不信任？领导者是不是远离日常活动？是不是变得越来越难以接近？他是不是特别注意成功的外在标志或其他特权？他是不是拒绝为确定继任者做出计划？如果以上这些问题中有一些答案是肯定的话，那么绝对有理由为组织担忧。领导者的心理健康可能已经失去了平衡。

一个平衡的人由什么构成呢？很多年前有人问过弗洛伊德这个问题，他创造了一句著名的格言：一个"正常"人就是有能力去爱和工作的人（［1930］1961）。弗洛伊德谈论的是在情感和社交背景下个人与他人建立良好关系的能力和与他人发生联系的能力。其他从事助人工作的人已经尝试对弗洛伊德的定义进行了详细说明。例如，精神分析学家鲁本·弗恩（1977）提出，"如果爱而非恨，拥有快乐，性欲得到满足，富有同情心，那这个人就能找到幸福；如果引导一个人的是理性、在家庭中适当的角色、认同感等所有这些，那么他就会有创造力，在维持社会秩序中发挥作用，能够沟通，按理说就不会有任何精神疾病的症状"

（p18）。

尽管有些人可能会有不同意见，认为对于人应该怎样，弗恩的观点相当乌托邦，但他的很多言论听起来真实可靠。例如，每个人为了保持一个稳定而有利的自我概念，会树立起很多防御。这些防御用来控制那些被认为无法接受以及会引发冲突的冲动或情绪：一个人的心理平衡越脆弱，对适应和改变的防御性障碍就会越强大。在这样的情况下，他会花很多时间和精力来适应和改造由此产生的态度、情绪、能力和期望。

一个人的心理健康以及处理问题和适应环境的能力取决于使用的防御类型。我们知道，一个人越诉诸原始的防御过程，例如分裂（认为世界和生活在其中的人都是好的或者都是坏的），理想化（高估他人），投射（将自身所摒弃的归因于他人）以及否定，其适应能力就会越成问题（克恩贝格，1975；鲍利诺，1981；米隆，1996）。采用这些防御说明倾向于过分简单化态度的定位问题，需要将个人的责任客观化。

心理平衡的另外一个标准是身份的稳定性，即一个人拥有稳定的自我感的程度（埃里克森，1959）。缺乏完整的身份会导致明显的不真实感、疏远、困惑、焦虑和空虚。由此导致的矛盾的自我形象或愿望使得那些受影响的人在面对他人时很难认为自己是个"完整的"人。自我形象和他人形象之间一种不明确的差异会导致界限不断模糊。相比之下，一种强烈的自我感会让人舒舒服服地做自己——也就是说，在他们的情感和心理的内在及外在世界存在一种有效的平衡状态。

影响心理健康、适应能力以及应对能力的另外一个因素是现实检验的能力。区分内部现实和外部现实的能力、区分事实与幻想的能力，决定了在紧张的状况下行为、判断和感觉会受损的程度。现实检验的能力展示了一个人的认知过程的完整程度，或者一个人的思考过程受限于纯粹的愿望满足的程度。

除了这些大的分类外，还有一些不那么具体的弱点也会阻碍个体的适应能力。其中一个弱点就是缺乏忍受焦虑的能力，即个人对压力的反应方式存在缺陷。与忍受焦虑相关的是控制冲动。焦虑的增加或具体需求的觉醒是否会导致冲动行为（这种行为往往是不可预测和不稳定的）？个人在紧张时是否有充足的才智可用来控制自己及环境？个体用来容忍紧随失败、挫折、悲伤、被拒以及失望而来的沮丧的能力是什么？如果不诉诸毁灭性和退行性行为的话，他能处理这些经历吗？在这里我们还可以考虑个体的升华通道运转得如何——也就是说，他拥有什么才智可以在生活和工作的所有领域产生极大的快乐和成就。智力和技能很重要。个人轻松利用智力和技能表达自己的思想和情绪的能力，理解自己的思想、情绪和行为之间的关系的能力以及学习的欲望都很重要。教育和社会文化环境在这些领域发挥着重要作用。

人们能够处理周围环境的能力与其人际关系的质量、安全的自我感的拥有、对自身不足的接受以及现实检验的能力密切相关。这些品质拥有得越多，就会越容易处理领导职位的变迁。他们也就越能够进行自我反省，以及在行动和反省之间交替变化。因此，他们滥用权力和做出病态行为的可能性就会越小。

对真实性的追寻

通过这本书，我已经强调了领导者和下属之间关系平衡的需要。不幸的是，对于权力的易变（这会刺激组织生活）而言，平衡尤其脆弱。平衡太容易失去了。明智使用权力对于创造共同目标和赋予机构生活意义至关重要，但是如果不承认权力的双重本质——既有建设性又有毁灭性——会影响一个人联系现实的能力。一旦平衡感消失，重心就会转移到政治性钩心斗角而非组织的效率上。

罗马皇帝马可·奥勒留非常熟悉权力的变迁，在著名的《沉思录》中他警告道："恶意、狡猾和欺诈是伴随绝对权力而生的。"（1964，p38）马可·奥勒留一生的故事展示了他的性格中有力量抵挡住权力中黑暗的一面。他是个哲学家型的国王，他的著作中闪耀着人性的光辉。他对权力的反思（他自己也是这样做的），在今天仍然有道理：

人们寻求隐退自身，他们隐居于乡村茅屋、山林海滨；你也倾向于渴望这些事情。但这完全是凡夫俗子的一个标记，因为无论什么时候你要退入自身你都可以这样做。因为一个人退到任何一个地方都不如退入自己的心灵更为宁静和更少苦恼，特别是当他在心里有这种思想的时候，通过考虑它们，他马上进入了完全的宁静。我坚持认为：宁静不过是心灵的井然有序。那么你不断地使自己做这种隐

退吧，更新你自己吧。(1964，p63)

　　然而，像马可·奥勒留这样的领导者很少见。更常见的情况是，一个第一眼看上去完全适应环境的人一旦拥有了权力就会变糟。大权在握时很容易成为巫师的学徒。要让事情失控很简单。尽管这种现象在历史上一再重演，但社会哲学家们却常常倾向于视而不见。例如，这些人类工程师从来不懂他们所管理的人的真正本性。看上去他们根本不懂人类动机的复杂性，也从未理解领导者的压力尤其是权力具有令人上瘾的特点。选择忽视人性本质以及那些滥用权力的反面历史证据的人这样做是在拿自己冒险。在20世纪，我们看到了很多独裁者的兴衰，非常了解他们施加给人类的痛苦，这足以让我们引以为戒。

　　考虑到人类的心理构成，社会的主要目标之一应该是维持权力的某种平衡。为了预防性维护，必须创建平衡和抗衡的局面、持续改变不平衡的局面，以避免个人或群体对权力的囤积以及随之而来的滥用。

　　但是，总结一下，我们不该将讨论内容局限于领导者及在组织中可以建立哪种保障措施以保证其不会失控。鉴于这样一个事实，我们有责任以一种合情合理而又有责任感的方式来生活，因此可以说我们都是领导者。在生活中定义成功的一种方式就是回顾往事时能感到满足，而不是只看到一系列错过的机会。这样的成功不仅需要有能力去处理失望，还要有能力在个人的内部精神状态和外部环境之间创造一种一致。这就需要强化自我反思、移情和倾听的能力，以及乐于承认有不同的方式去看和理解。做一名领导者还意味着要做一名教练，承担起导师的角色。

领导者们必须接受他们的角色是变化的，以及他们对下一代负有责任这一事实。这里有一个有利因素就是繁殖感的获得——通过他人找到一种连续感——这会带来后继有人的满足感。这样一种态度会让组织继往开来。

随着时代变迁，我们可以看到依靠武力的领导者怎样越来越被依靠信念的领导者取代。越来越多的人意识到领导不仅是一个向下的过程，还会产生向上的影响。下属没有积极性的话，领导也会很难当。独裁型领导正在被权威型领导代替。在这个变革的过程中，至关重要的是自我观察，即诚实和批判性自我监控的能力。激发积极性和自我观察需要基本信任和相互尊重。早在公元前 6 世纪，中国的圣人老子就意识到了领导者和下属之间相互作用的必要性。他说最好的领导者能够让下属说"我们自己做"。除了能够管控自己以外，如果领导者还能帮助他人管控自己，才会显示出真正的领导能力。

那些能够将行动和反思相结合的领导者，他们对自己有充分的了解，可以识别出权力的变迁，当伴随权力而来的心理警笛拉响时，他们不会受到诱惑，这样的人最终会成为最强大的人。人们会带着敬意和感情将他们铭记于心。他们还能够真正处理好权力的模糊性，过上有创造力和有所作为的生活。

参考文献

Aarons, Z. A. "A Study of a Perversion and an Attendant Character Disorder." *Psychoanalytic Quarterly*, 1959, *28* (4), 481–492.

Abagnale, F. W. and Redding, S. *Catch Me if You Can: The Amazing True Story of the Youngest and Most Daring Con Man in the History of Fun and Profit*. New York: First Broadway, 2000.

Abraham, K. "The History of an Impostor in the Light of Psychoanalytical Knowledge." In *Clinical Papers on Psychoanalysis*. New York: Brunner/Mazel, 1955. (Originally published 1925.)

Achebe, C. *Ant Hills of the Savanna*. London: Heinemann, 1987.

Aeschylus. *The Persians*. (Philip Vellacott, trans.) Harmondsworth, England: Penguin, 1971.

Ahrens, S., and Deffner, G. "Empirical Study of Alexithymia: Methodology and Results." *American Journal of Psychiatry*, 1986, *40* (3), 430–477.

"Alan Sugar's Professional Foul." *Independent on Sunday* (London), May 24, 1992, p. 20.

Andreas–Salome, L. *Lebensrueckblick* (memoirs). (E. Pfeiffer, ed.) Wiesbaden, Germany: Insel, 1951.

Atchley, R. C. *The Social Forces in Later Life.* Belmont, Calif.: Wadsworth, 1972. Aurelius, Marcus. *Meditations.* (M. Staniforth, trans.) New York: Viking Penguin, 1964.

Bass, B. M. *Stogdill's Handbook of Leadership.* New York: Free Press, 1981.

Bass, B. M. *Leadership and Performance beyond Expectations.* New York: Free Press, 1985.

Bateson, G. "The Role of Humor in Human Communication." In H. Von Foerster (ed.), *Cybernetics.* New York: Macey Foundation, 1953.

Bennett, N. " Amstrad to Lend Sugar £ 50m. to Take Firm Private." [London] *Times*, Nov. 6, 1992, p. 27.

Bennis, W., and Nanus, B. *Leaders.* New York: Free Press, 1985.

Bergler, E. "A Clinical Contribution to the Psychogenesis of Humor." *Psychoanalytic Review*, 1937, *24*, 34–53.

Bergman, I. *The Magic Lantern.* London: Hamish Hamilton, 1988.

Bergson, H. *Laughter: An Essay on the Meaning of the Comic.* (C. Bereton and F. Rothwell, trans.) New York: Macmillan, 1928.

Berlyne, D. E. "Laughter, Humor, and Play." In G. Lindzey and E. Aronson (eds.), *Handbook of Social Psychology.* Vol. 3. Reading, Mass.: Addison–Wesley, 1964.

Bettelheim, B. *The Informed Heart.* London: Penguin, 1986.

Bion, W. R. *Experiences in Groups.* London: Tavistock, 1961.

Blanchard,E. B., Arena, J. G., and Pallmeyer, T. P. "Psychosomatic Properties of a Scale to Measure Alexithymia." *Psychotherapy & Psychosomatics*, 1981, *35*, 64-71.

Blum, H. P. "The Psychoanalytic Process and Analytic Inference: A Clinical Study of a Lie and Loss." *International Journal of Psychoanalysis*, 1983, *64*, 17-33.

Bowditch, G. "High Street Midas Who Lost His Golden Touch." [London] *Times*, Jan. 7, 1992, p. 23.

Bower, T. *Maxwell: The Outsider*. London: Mandarin Press, 1991.

Brautigan, B., and Von Rad, M. *Toward a Theory of Psychosomatic Disorders*. Basel: Karger, 1977.

Brooks, G., and Horwitz, T. "As a Gulf War Looms, Saddam's Behavior Grows More Puzzling." *Wall Street Journal*, Jan. 16, 1991, pp. 1-2.

Bullock, A. *Hitler: A Study in Tyranny*. London: Penguin, 1962.

Bunzel, R. L. "Zuni Katcinas." *Bureau of American Ethnology Annual Report*, 47, 1929 - 1930. Washington, D. C.: Bureau of American Ethnology, 1932.

Burlingham, D. *Twins*. Madison, Conn.: International Universities Press, 1952. Burns, J. M. *Leadership*. New York: HarperCollins, 1978.

Butler, R. N. "Psychiatry and the Psychology of the Middle Aged." In H. I. Kaplan and B. J. Sadock (eds.), *Comprehensive Textbook of Psychiatry/IV*. (4th ed.) Baltimore, Md.: Williams & Wilkins, 1985.

Camus, A. *La Chute.* (The Fall.) Paris: Gallimar, 1956.

Carlson, D. A. " Dream Mirrors." *Psychoanalytic Quarterly*, 1977, *46*(1), 38–70.

Charles, L. H. "The Clown's Function." *Journal of American Folklore*, 1945, *58*, 25–34.

Clance, P. R. *The Impostor Phenomenon.* New York: Peachtree, 1985.

Clance, P. R., and Imes, S. A. "The Impostor Phenomenon in High – Achieving Women: Dynamics and Therapeutic Intervention." *Psychotherapy: Theory, Research and Practice*, 1978, *15* (3), 241–247.

Cocteau, J. *Orphée.* London: Blackwell, 1976. (Originally published 1926.)

Cohen, R. "Robert Maxwell's Last, Isolated Days." *International Herald Tribune*, Dec. 21–22, 1991, pp. 11, 13.

Collins, J. *Good to Great.* New York: HarperBusiness, 2001.

Cooper, D. *Closer.* New York: Grove–Weidenfeld, 1989.

Coughlin, C. *Saddam: The Secret Life.* London: MacMillan, 2002.

Crichton, R. *The Great Impostor.* New York: Random House, 1959.

Darwish, A., and Alexander, G. *Unholy Babylon.* London: Victor Gollancz, 1991. "Days of Reckoning." *Independent* (London), Feb. 10, 1992, p. 20.

Deutsch, H. "The Impostor: Contribution to Ego Psychology of a Type of Psychopath." In *Neuroses and Character Types.* Madison, Conn.: International Universities Press, 1965a. (Originally published 1955.)

Deutsch, H. *Neuroses and Character Types*. Madison, Conn.: International Universities Press, 1965b.

Dowling, C. *The Cinderella Complex*. New York: Summit Books, 1981.

Duncan, W. J. "Humor in Management: Prospects for Administrative Practice and Research." *Academy of Management Review*, 1982, *1* (1), 136-142.

Eisnitz, A. J. "Mirror Dreams." *Journal of the American Psychoanalytic Association*, 1961, *9*, 461-479.

Elkisch, P. "The Psychological Significance of the Mirror." *Journal of the American Psychoanalytic Association*, 1957, *5*, 235-244.

Erasmus. *In Praise of Folly*. (B. Radice, trans.; A.H.T. Levine, ed.) Harmondsworth, England: Penguin, 1971. (Originally published 1509.)

Erikson, E. H. *Childhood and Society*. New York: W. W. Norton, 1963.

Erikson, E. H. "Identity and the Life Cycle." *Psychological Issues*, 1959, *1* (entire issue).

Fain, M., and Kreisher, L. "Discussion sur le genese des fonctions représenta-tives." *Revue Française de Psychanalyse*, 1970, *34*, 285-306.

Feigelson, C. "The Mirror Dream." *Psychoanalytic Study of the Child*, 1975, *30*, 341-355.

Fenichel, O. *The Psychoanalytic Theory of Neurosis*. New York:

W. W. Norton, 1945.

Fenichel, O. *The Collected Papers of Otto Fenichel.* (2nd ser.) Madison, Conn.: International Universities Press, 1954.

Fine, R. "Psychoanalysis as a Philosophical System: The Basis for Integrating the Social Sciences." *Journal of Psychohistory*, 1977, *5* (1), 1–65.

Frazer, J. G. *The Golden Bough.* New York: Macmillan, 1947.

Freiberger, H. "Supportive Psychotherapeutic Techniques in Primary and Secondary Alexithymia." *Psychotherapy & Psychosomatics*, 1977, *20*, 337–342.

Freud, A. *The Ego and the Mechanisms of Defense.* (Rev. ed.) Madison, Conn.: International Universities Press, 1966.

Freud, S. "A Case of Hysteria." In J. Strachey (trans. and ed.), *The Standard Edition of the Complete Psychological Works of Sigmund Freud.* Vol. 7. London: Hogarth Press and Institute of Psychoanalysis, 1953a. (Originally published 1905.)

Freud, S. "Fragment of an Analysis of a Case of Hysteria." In J. Strachey (trans. and ed.), *The Standard Edition of the Complete Psychological Works of Sigmund Freud.* Vol. 7. London: Hogarth Press and Institute of Psychoanalysis, 1953b. (Originally published 1905.)

Freud, S. "Group Psychology and the Analysis of the Ego." In J. Strachey (trans. and ed.), *The Standard Edition of the Complete Psychological Works of Sigmund Freud.* Vol. 18. London: Hogarth Press and Institute of Psychoanalysis, 1953c. (Originally published 1921.)

Freud, S. "Humor." In J. Strachey (trans. and ed.), *The*

Standard Edition of the Complete Psychological Works of Sigmund Freud. Vol. 21. London: Hogarth Press and Institute of Psychoanalysis, 1953d. (Originally pub-lished 1927.)

Freud, S. "Some Character-Types Met With in Psycho-Analytic Work." In J. Strachey (trans. and ed.), *The Standard Edition of the Complete Psychological Works of Sigmund Freud.* Vol. 14. London: Hogarth Press and Institute of Psychoanalysis, 1953e. (Originally published 1916.)

Freud, S. "Three Essays on the Theory of Sexuality." In J. Strachey (trans. and ed.), *The Standard Edition of the Complete Psychological Works of Sigmund Freud.* Vol. 7. London: Hogarth Press and Institute of Psychoanalysis, 1953f. (Originally published 1905.)

Freud, S. "'Wild' Psycho-Analysis." In J. Strachey (trans. and ed.), *The Standard Edition of the Complete Psychological Works of Sigmund Freud.* Vol. 11. London: Hogarth Press and Institute of Psychoanalysis, 1953g. (Originally published 1910.)

Freud, S. "Analysis of a Phobia in a Five-Year-Old Boy." In J. Strachey (trans. and ed.), *The Standard Edition of the Complete Psychological Works of Sigmund Freud.* Vol. 10. London: Hogarth Press and Institute of Psychoanalysis, 1955. (Originally published 1909.)

Freud, S. "Civilization and Its Discontents." In J. Strachey (trans. and ed.), *The Standard Edition of the Complete Psychological Works of Sigmund Freud.* Vol. 21. London: Hogarth Press and Institute of Psychoanalysis, 1961. (Originally published 1929.)

"From Rags to Riches to Penitentiary." *International Herald Trib-*

une, July 20, 1989, p. 12.

Fromm, E. *Man for Himself: An Inquiry into the Psychiatry of Ethics.* New York: Fawcett, 1947.

Gardos, G., and others. "Alexithymia: Toward Validation and Measurement." *Comprehensive Psychiatry*, 1984, *25*(3), 278–282.

Gediman, H. K. "Imposture, Inauthenticity and Feeling Fraudulent." *Journal of the American Psychoanalytic Association*, 1985, *33* (4), 911–935.

Geertz, C. *The Interpretation of Culture.* New York: Basic Books, 1973.

Geertz, C. *Local Knowledge.* New York: Basic Books, 1983.

Gillie, O. "Caught Up in Father's Web." *Independent* (London), Dec. 16, 1991, p. 17.

Giscard D'Estaing, V. Quoted in *Economist*, June 8, 1991, p. 110.

Giscard D'Estaing, V. *Le pouvoir et la vie.* Vol. 11: *L'affrontement.* Paris: Compagnie 12, 1991.

Goffman, E. *Interaction Ritual.* New York: Doubleday, Anchor Books, 1967.

Goffman, E. *Relations in Public.* New York: HarperCollins, Colophon Books, 1971.

Gould, R. L. *Transformations.* New York: Simon & Schuster, 1978.

Graff, H. F. "When the Term's Up, It's Better to Go Gracefully." *International Herald Tribune*, Jan. 26, 1988, p. 5.

Greenacre, P. "The Impostor." In *Emotional Growth*. Vol. 1. Madison, Conn.: International Universities Press, 1971a. (Originally published 1958.)

Greenacre, P. "The Relation of the Impostor to the Artist." In *E-motional Growth*. Vol. 2. Madison, Conn.: International Universities Press, 1971b. (Originally published 1958.)

Hanfstängl, E. *The Missing Years*. London: Eyre and Spottiswoode, 1957.

Harrington, A. *Life in a Crystal Palace*. New York: Knopf, 1958.

Harvey-Jones, J. *Making It Happen*. London: Collins, 1988.

Hasek, J. *The Good Soldier Svejk*. (Cecil Parrott, trans.) New York: Crowell, 1972.

Havel, V. *Power of the Powerless*. (J. Keane, ed.) Armonk, N. Y.: M. E. Sharpe, 1990.

Hochschild, A. R. *The Managed Heart*. Berkeley: University of California Press, 1983.

Hodgson, R., Levinson, D. J., and Zaleznik, A. *The Executive Role Constellation*. Boston: Division of Research, Harvard Business School, 1965.

Ibsen, H. *An Enemy of the People*. (R. F. Sharp, trans.) Oxford, England: Oxford University Press, 1988. (Originally published 1882.)

Janis, I. L., and Mann, L. *Decision Making*. New York: Free Press, 1977.

Jaques, E. "Death and the Mid - Life Crises." *International Journal of Psychoanalysis*, 1965, *46*, 502-514.

Jung, C. G. "On the Psychology of the Trickster-Figure." In *The Collected Works of C. G. Jung.* Vol. 9, pt. 1. Princeton, N. J.: Princeton University Press, 1969. (Originally published 1959.)

Kaplan, L. J. "The Concept of the Family Romance." *Psychoanalytic Review*, 1974, *61*(2), 169-202.

Karsh, E., and Rautsi, T. *Saddam Hussein: A Political Biography.* New York: Free Press, 1991.

Kearns, D. *Lyndon Johnson and the American Dream.* New York: HarperCollins, 1976.

Kernberg, O. *Borderline Conditions and Pathological Narcissism.* New York: Aronson, 1975.

Kets de Vries, M.F.R. "Ecological Stress: A Deadly Reminder." *Psychoanalytic Review*, 1980a, *67*(3), 389-408.

Kets de Vries, M.F.R. *Organizational Paradoxes: Clinical Approaches to Management.* London: Tavistock, 1980b.

Kets de Vries, M. F. R. *Prisoners of Leadership.* New York: Wiley, 1989.

Kets de Vries, M. F. R. *The Leadership Mystique.* London: Financial Times/ Prentice Hall, 2001a.

Kets de Vries, M. F. R. *Struggling with the Demon.* Madison, Conn: Psychosocial Press, 2001b.

Kets de Vries, M. F. R., and Miller, D. *The Neurotic Organization: Diagnosing and Changing Counterproductive Styles of Management.* San Francisco: Jossey-Bass, 1984.

Kets de Vries, M.F.R., and Miller, D. "Narcissism and Leadership: An Object Relations Perspective." *Human Relations*, 1985, *38* (6), 583-601.

Kets de Vries, M.F.R., and Miller, D. "Personality, Culture and Organization." *Academy of Management Review*, 1986, *1* (2), 266-279.

Kets de Vries, M. F. R., and Miller, D. "Interpreting Organizational Texts." *Journal of Management Studies*, 1987, *24*(3), 233-247.

Kets de Vries, M.F.R., and Miller, D. *Unstable at the Top: Inside the Neurotic Organization.* New York: New American Library, 1988.

Kimmel, D. C. *Adulthood and Aging.* New York: Wiley, 1974.

Klapp, O. E. *Heroes, Villains, and Fools.* San Diego, Calif.: Aegis, 1972.

Kohut, H. *The Analysis of the Self.* Madison, Conn.: International Universities Press, 1971.

Kohut, H. *Self Psychology and the Humanities.* New York: W. W. Norton, 1985.

Kotter, J. P. *The General Managers.* New York: Free Press, 1982.

Kris, E. "Ego Development and the Comic." *International Journal of Psychoanalysis*, 1938, *19*, 77-90.

Kris, E. "The Personal Myth: A Problem in Psychoanalytic Technique." In *Selected Papers of Ernst Kris.* New Haven, Conn.: Yale University Press, 1975.

Krystal, H. "AlexithymiaandPsychotherapy." *AmericanJournalof Psychotherapy*, 1979, *33*, 17-31.

Krystal, H. "Alexithymia and the Effectiveness of Psychoanalytic Treatment." *International Journal of Psychoanalytic Psychotherapy*, 1982, *9*, 353–378.

Krystal, H. *Massive Psychic Trauma.* Madison, Conn.: International Universities Press, 1986.

Krystal, J. H., Giller, E. L., and Cicchetti, D. V. "Assessment of Alexithymia in Post–traumatic Stress Disorder and Somatic Illness: Introduction of a Reliable Measure." *Psychosomatic Medicine*, 1986, *48* (1/2), 84–94.

Lacan, J. "Le stade du miroir comme formateur de la fonction du Je, telle qu'elle nous est révélée dans l'expérience psychoanalytique." *Revue Française de Psychanalyse*, 1949, *13*, 449–455.

Lacan, J. *Ecrits.* (A. Sheridan, trans.) London: Tavistock, 1977.

Langer, S. K. *Feeling and Form.* London: Routledge & Kegan Paul, 1953.

Lapierre, L. "Mourning, Potency, and Power in Management." *Human Resource Management*, Summer 1989, *28*(2), 177–189.

Lasch, C. *The Culture of Narcissism.* New York: W. W. Norton, 1978.

Leavitt, H. J. *Corporate Pathfinders.* Homewood, Ill.: Dow Jones–Irwin, 1986.

Lehmann, H. E. "Unusual Psychiatric Disorders and Atypical Psychoses." In A. M. Freedman, H. I. Kaplan, and B. J. Sadock (eds.), *Comprehensive Textbook of Psychiatry.* (2nd ed.) Vol. 2. Baltimore, Md.: Williams & Wilkins, 1975.

Leonard, C. "Street Fighter with a Nose for Survival." *Times* (London), Feb. 15, 1992, p. 21.

Lesser, I. M., and Lesser, B. Z. "Alexithymia: Examining the Development of a Psychological Concept." *American Journal of Psychiatry*, 1983, *140*(10), 1305–1308.

Lever, M. *Le sceptre et la marotte.* Paris: Fayard, 1983.

Levine, J. "Regression in Primitive Clowning." *Psychoanalytic Quarterly*, 1961, *30*, 72–83.

Levinson, D. J. *The Seasons of a Man's Life.* New York: Knopf, 1978.

Levinson, H. *Emotional Health in the World of Work.* New York: HarperCollins, 1964.

Levinson, H. *Organizational Assessment.* Washington, DC: American Psychological Association, 2002.

Lewis, S. *Babbitt.* New York: Harcourt Brace Jovanovich, 1922.

Lowenthal, M., Thurnher, M., and Chiriboga, D. *Four Stages of Life.* San Francisco: Jossey-Bass, 1975.

McClelland, D. C. *The Achieving Society.* New York: Van Nostrand Reinhold, 1961. Maccoby, M. *The Gamesman.* New York: Simon & Schuster, 1976.

McDougall, J. "The Psychosoma and the Psychoanalytic Process." *International Review of Psychoanalysis*, 1974, *1*, 437–459.

McDougall, J. *Plea for a Measure of Abnormality.* Madison, Conn.: International Universities Press, 1978.

McDougall, J. "The Anti-analysant in Analysis." In S. Lebovici and D. Widlocher (eds.) , *Psychoanalysis in France*. Madison, Conn.: International Universities Press, 1980a.

McDougall, J. "A Child Is Being Eaten." *Contemporary Psychoanalysis*, 1980b, *16*, 417–459.

McDougall, J. "Alexithymia: A Psychoanalytic Viewpoint." *Psychotherapy & Psychosomatics*, 1982a, *38*, 81–90.

McDougall, J. "Alexithymia, Psychosomatics, and Psychosis." *International Journal of Psychoanalytic Psychotherapy*, 1982b, *9*, 379–388.

McDougall, J. "The Dis–affected Patient: Reflections on Affect Pathology." *Psychoanalytic Quarterly*, 1984, *53*, 386–409.

McDougall, J. *Theaters of the Body*. New York: W. W. Norton, 1989.

Mahler, M. S. "On Human Symbiosis and the Vicissitudes of Individuation." *Journal of the American Psychoanalytic Association*, 1967, *15*, 740–763.

Mahler, M. S., Pine, F., and Bergman, A. *The Psychological Birth of the Human Infant*. New York: Basic Books, 1975.

Makarius, L. "Le mythe du ' Trickster.' " *Revue de l'histoire des religions*, 1969, *175*, 17–46.

Makarius, L. "Clowns rituels et comportements symboliques." *Diogenes*, 1970, *69*, 47–74.

Makarius, L. "The Crime of Manabozo." *American Anthropologist*, 1973, *75*, 663–675.

Malone, P. " Humor: A Double – Edged Tool for Today's

Managers." *Academy of Management Review*, 1980, *5*(3), 357-360.

Martin, J. B., Phil, R. O., and Dobkin, P. "Schalling-Sifneos Personality Scale: Findings and Recommendations." *Psychotherapy & Psychosomatics*, 1984, *41*, 145-152.

Matar, F. *Saddam Hussein: The Man, the Cause and the Future.* London: Third World Center for Research and Publishing, 1981.

Melville, H. *The Confidence Man.* New York: New American Library, 1964. (Originally published 1854.)

Miller, N. G. *The Great Salad Oil Swindle.* Baltimore, Md.: Penguin, 1965.

Millon, T. *Disorders of Personality: DSM IV and Beyond.* New York: John Wiley, 1996.

Muir, K. (ed.). *King Lear.* London: Methuen, 1952.

Myers, W. A. "Imaginary Companions, Fantasy Twins, Mirror Dreams and Depersonalization." *Psychoanalytic Quarterly*, 1976, *45*(4), 503-524.

Neill, J. R., and Sandifer, M. G. "The Clinical Approach to Alexithymia: A Review." *Psychosomatics*, 1982, *23*, 1223-1231.

Nemiah, J. C. "Alexithymia: Theoretical Considerations." *Psychotherapy & Psychosomatics*, 1977, *28*, 199-206.

Nemiah, J. C. "Alexithymia and Psychosomatic Illness." *Journal of Continuing Education in Psychiatry*, 1978, *39*, 25-27.

Nemiah, J. C., and Sifneos, P. E. "Affect and Fantasy in Patients with Psychosomatic Disorders." In O. Hill (ed.), *Modern Trends in Psychosomatic Medicine.* London: Butterworths, 1970.

Neugarten, B. L. *Personality in Middle and Later Life*. New York: Atherton, 1964. Neugarten, B. L. (ed.). *Middle Age and Aging: A Reader in Social Psychology*. Chicago: University of Chicago Press, 1968.

Neustadt, R. E. *Presidential Power*. New York: Wiley, 1960.

Olinick, S. L. "Book Review of *The Family Romance of the Imposter—Poet Thomas Chatterton* by Louis G. Kaplan." *Psychoanalytic Quarterly*, 1988, *58*(4), 672–676.

Paolino, T. J. *Psychoanalytic Psychotherapy: Theory, Technique, Therapeutic Relationships and Treatability*. New York: Brunner/Mazel, 1981.

Pfeffer, J. *The Human Equation: Building Profits by Putting People First*. Boston, MA: Harvard Business School Press, 1998.

Pollio, H. R., and Edgerly, J. W. "Comedians and Comic Style." In A. J. Chapman and H. C. Frost (eds.), *Humor and Laughter: Theory, Research and Applications*. London: Wiley, 1976.

Proust, M. *Guermantes Way*. (C. K. Scott – Montcrieff, trans.) 1925. (Originally published 1920–1921.)

Racker, H. *Transference and Counter Transference*. Madison, Conn.: International Universities Press, 1968.

Radcliffe – Brown, A. R. *Structure and Function in Primitive Society*. London: Cohen and West, 1952.

Radin, P. *Trickster: A Study in American Indian Mythology*. Westport, Conn.: Greenwood, 1969. (Originally published 1956.)

Rayski, B. "Saddam Hussein." *Globe*, Mar. 1991, pp. 12–23.

Reik, T. *Masochism in Modern Man.* New York: Farrer & Rinehart, 1941.

Roheim, G. *Spiegelzauber.* Vienna: International Psychoanalytic Verlag, 1919.

Rosovsky, H. *The University: An Owner's Manual.* New York: W. W. Norton, 1990.

Ross, J. M., and others. *Father and Child.* Boston: Little, Brown, 1982.

Roy, D. F. "Banana Time: Job Satisfaction and Informal Interaction." *Human Organization*, 1960, *18*, 158-168.

Schafer, R. "The Pursuit of Failure and the Idealization of Unhappiness." *American Psychologist*, 1984, *39*(4), 398-405.

Scott, C. "Who Is Afraid of Wilfred Bion?" Unpublished paper, Canadian Psychoanalytic Society, 1980.

Shakespeare, W. *Richard III.* In W. G. Clark and W. A. Wright (eds.), *The Complete Works of William Shakespeare.* Vol. 1. New York: Doubleday, 1988.

Shaw, G. B. *Candida.* Chicago: Nelson-Hall, 1973. (Originally published 1893.) Sheehy, G. *New Passages.* New York: Ballantine Books, 1995.

Shengold, L. "The Metaphor of the Mirror." *Journal of the American Psychoanalytic Association*, 1974, *22*(1), 97-115.

Shipko, S., Alvarez, W. A., and Norrello, N. "Towards a Teleological Model of Alexithymia: Alexithymia and Post-traumatic Stress Disorder." *Psychotherapy and Psychosomatics*, 1983, *39*, 122-126.

Sonnenfeld, J. "Heroes in Collision: Chief Executive Retirement and the Parade of Future Leaders." *Human Resource Management*, Summer 1986, *25*(2), 305–333.

Sonnenfeld, J. *The Hero's Farewell*. New York: Oxford University Press, 1988. Speer, A. *Inside the Third Reich*. New York: Avon, 1970.

Speer, A. *Spandau: The Secret Diaries*. New York: Macmillan, 1976.

Spence, D. *Narrative Truth and Historical Truth*. New York: W. W. Norton, 1982.

Steward, J. H. "The Ceremonial Buffoon of the American Indian." In *Papers of the Michigan Academy of Science, Arts, and Letters*. Vol. 14. Ann Arbor: University of Michigan, 1931.

Sundqvist, S. – I. *Refaat & Fermenta: Dramat och Aktörerna*. Stockholm: Författarfölaget, 1987.

Swain, B. *Fools and Folly during the Middle Ages and the Renaissance*. New York: Columbia University Press, 1932.

Swanson, D. A. "The Münchhausen Syndrome." *American Journal of Psychotherapy*, 1981, *35*(3), 436–444.

Tapie, B. *Gagner*. (Winning.) Paris: Robert Laffont, 1986.

Taylor, G. J. "Alexithymia and the Counter-transference." *Psychotherapy & Psychosomatics*, 1977, *28*, 141–147.

Taylor, G. J. "Alexithymia: Concept, Measurement, and Implications for Treatment." *American Journal of Psychiatry*, 1984, *141*(6), 725–732.

Thompson, P., and Delano, A. *Maxwell: A Portrait of Power*.

London: Corgi, 1988.

Tichy, N. M., and Devanna, M. A. *The Transformational Leader.* New York: Wiley, 1986.

Vaillant, G. E. *Adaptation to Life.* Boston: Little, Brown, 1977.

Van Rad, M. *Alexithymic, Empirische Untersuchen zur Diagnostik und Therapie Psychomatische Kranker.* Berlin: Springer Verlag, 1983.

Von Rad, M. "Alexithymia and Symptom Formation." *Psychotherapy & Psychosomatics*, 1984, *42*, 80–89.

Waller, M. "Ratner Quits the Family Firm: Chief Executive Pays Price for Attracting Bad Publicity." *Times* (London), Nov. 26, 1992, p. 21.

Weber, M. *The Theory of Social and Economic Organization.* (A. M. Henderson and T. Parsons, trans.) New York: Oxford University Press, 1947.

Weinshel, E. M. "Some Observations on Not Telling the Truth." *Journal of the American Psychoanalytic Association*, 1979, *27*(3), 503–532.

Wells, K., Bray, N., and Reilly, P. M. "Maxwell Empire's Assets Go On Sale with Hopes of Covering Huge Debt." *Wall Street Journal*, Dec. 6, 1991, p. 3.

Welsford, E. *The Fool.* London: Faber and Faber, 1935.

Willeford, W. *The Fool and His Scepter.* Chicago: Northwestern University Press, 1969.

Whyte, W. H. *The Organization Man.* New York: Simon & Schuster, 1956.

Wilde, O. *The Picture of Dorian Gray.* New York: Random House, 1992. (Originally published 1890.)

Winnicott, D. W. *Playing and Reality.* New York: Basic Books, 1971.

Winnicott, D. W. *Through Paediatrics to Psychoanalysis.* New York: Basic Books, 1975.

Wittebort, S. "Behind the Great Swedish Scandal." *Institutional Investor*, Aug. 1987, pp. 93-104.

Zaleznik, A. *The Managerial Mystique.* New York: HarperCollins, 1989.

曼弗雷德管理思想经典文库

乘坐领导力的过山车：
日常工作中的领导力心理学

ISBN：978-7-5207-0772-5
定价：68.00 元

领导力童话：
领导力的五个致命危险

ISBN：978-7-5207-0771-8
定价：58.00 元

领导者、傻瓜和骗子：
曼弗雷德谈领导力心理学

ISBN：978-7-5207-0773-2
定价：68.00 元

领导者是天生的吗：
亚历山大大帝领导力案例研究

ISBN：978-7-5207-0807-4
定价：58.00 元

神经质组织：
引领组织变革的成功之道

ISBN：978-7-5060-9398-9
定价：68.00 元

幸福等式：
幸福与成功沉思录

ISBN：978-7-5207-0719-0
定价：58.00 元

正念领导力：
洞悉人心的管理秘诀

ISBN：978-7-5060-8989-0
定价：49.90 元

性、金钱、幸福与死亡
（精装版）

ISBN：978-7-5060-9148-0
定价：55.00 元

性格与领导力反思

ISBN：978-7-5060-8299-0
定价：49.90 元

领导力与职业生涯反思

ISBN：978-7-5060-8300-3
定价：49.90 元

组织的反思

ISBN：978-7-5060-9399-6
定价：58.00 元

恐惧领导力：
在阁楼里发现夏卡·祖鲁

ISBN：978-7-5060-9389-7
定价：68.00 元

刺猬效应：
打造高绩效团队的秘诀（精装版）

ISBN：978-7-5060-9649-2
定价：68.00 元

有毒的管理者：
高管教练的挑战

ISBN：978-7-5207-0774-9
定价：58.00 元

领导力的奇境历险：
日常生活中的领导力心理学

2019 年 10 月出版